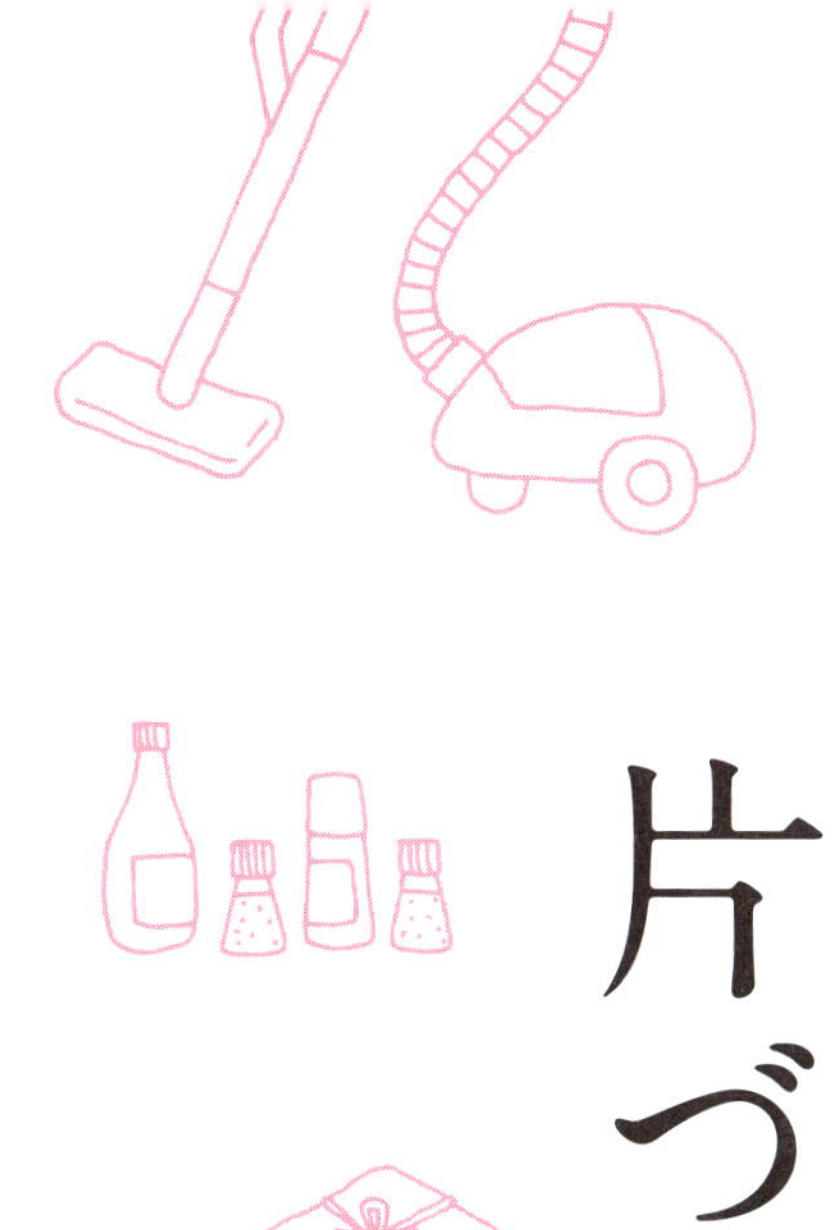

親の家の片づけ方

生前整理アドバイザー認定指導員
大津たまみ

あさ出版

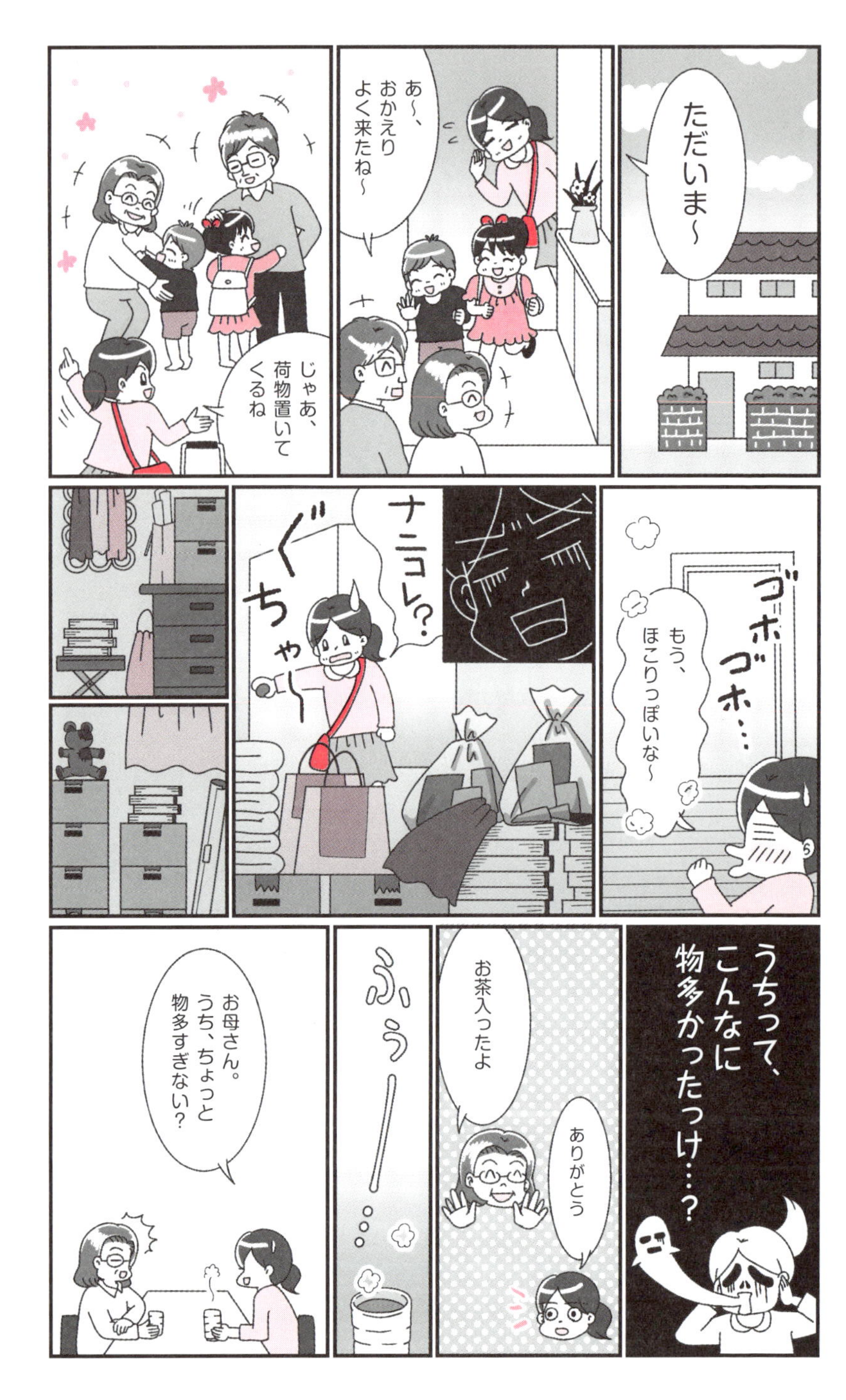
ただいま～
あ～、おかえりよく来たね～
じゃあ、荷物置いてくるね
ゴホゴホ…
もう、ほこりっぽいな～
ナニコレ？
ぐちゃ～
うちって、こんなに物多かったっけ…？
お茶入ったよ
ありがとう
ふぅーー…
お母さん。うち、ちょっと物多すぎない？

そうねえ〜。でも、片づけるの面倒だし〜

こんな面倒くさがりだったっけ？？？歳かしら？

わかるけど…、でも、ちょっと多すぎだよ子どもたちも走り回るようになるし…ね、一緒にやろう！

ビェーン!!!

…

どうしたの？

なんかに引っかかってころんだ
エーン
エーン
えっ…

…

…やろうかな、お片づけ
ボソッ
!

ピタ…

うん。じゃあ、善は急げ！

来週から始めるわよ！

えっもう…!?

1週間後
ただいまー
バァバ
ジィジー
おかえり
今日は
よろしくね～
せーのっ！
エイエイオー!!
友達に
オススメの
片づけ方、
教えてもらって
持ってきた
最初に
「モノ」の
片づけ
「生きてきた
道のり」の
片づけ
「おカネ」の
片づけ
最後に
「情報」の
片づけ
「モノ」は
わかるけど、
生きてきた道のり？
おカネに情報？
どういうこと??

それはね…♪
ごにょごにょ…
なるほどーっ！
では、「モノ」から始めよう！
これは？
そーいえば
フムフム…
終了！
数日後
その後どう？
どーおー？
毎日楽しくてー
片づけをやってよかったわ

はじめに

私はこれまでたくさんの方のお片づけをお手伝いしてきました。

その数は1万件以上にのぼります。

通常のお片づけのほか、持ち主が亡くなられたお部屋のお片づけ（遺品整理）も、数多くありました。

この経験から言えること。

それは、親が亡くなってからの部屋や家の片づけは、本当に大変だということです。

ところが多くのご家庭で、親の家（実家）の片づけは手つかず状態です。

実際、お話を聞いてみると、「やらなきゃとは思うけれど忙しくて……」と始めることすらできていない方、始めてはみたものの親と意見がぶつかったり、なかなか作業が進まなかったりしてイライラしている方が少なくありません。

その気持ち、よくわかります。

ですが、そう言っているうちに時間は流れ、親もあなたも歳をとり、さらに作業が億劫（おっくう）になり、結局、片づけができないまま、別れの時を迎えることに――。

遺品整理を依頼される方のほとんどが、このような経験をされています。

また、一緒に遺品のお片づけをしていると、「こんなに手間がかかることを知っていたら、親が生きているうちに片づけを手伝っておくんだった！」と怒ったり、「何をどうすればいいのかがわからない」とパニックになってしまったり、「親との時間を、もっと大切に考えればよかった……」と親の本当の想いに触れ、涙を浮かべる人もいます。

しかし、時はすでに遅し。こうした想いを伝えたい相手はこの世にいません。伝えることができないのです。

遺品整理は、苦しさや後ろめたさ、難しさがあり、肉体的にも、精神的にも、経済的にも大変なのです。


こうした想いは、「生前整理」をすることで避けることができます。

親が元気なうちに、親の家をお片づけするとともに、整理するのです。

整理するのは、まずモノ。

モノが減ると室内がスッキリするとともに、気持ちもスッキリします。これから生きていくために必要なもの以外は処分しましょう。

次は心の整理です。

「あれもしなきゃ、これもしなきゃ」と何かに追われたり、苦になることがある状態は、身体にとってあまりいいことではありません。こうしたわずらわしいことも整理してしまいましょう。

そしてもう一つ、親子関係、家族関係についても見直しを図りましょう。

大人になった、いまのあなただからこそ、築ける関係があるはずです。これからあるべき親子関係を、一緒に探してみてください。


私は現在、「一般社団法人　生前整理普及協会」を立ち上げ、「生きることを前提に、物・心・情報を整理することで幸せなエンディングを迎える」を活動の狙いとし、「生前整理」の考え方や実践方法をお伝えしています。

数々の遺品整理の場でつらい思いをなさっている遺族の方をたくさん見てきました。そんな方々をできるだけ減らしていきたいという気持ちからです。

この本では、そうした私の経験に基づいて「親といっしょに始める生前整理のノウハウ」をお伝えしています。片づけのノウハウだけではなく、どのタイミングで始めるのがベストなのかといったことや生前整理が済んだあとのことも、しっかりとお話ししています。マニュアルとして、ぜひ活用してください。

生前整理は親のためであるのはもちろんですが、あなたと家族にとってもたくさんのメリットをもたらします。

「生前整理」は、残された人生をよりよく生きるための「行動」です。

親子ともどもよい人生を歩むために、1日も早く、親の家の片づけを始めましょう。

大津たまみ

2015年11月

第2章 片づけを始めたくなる6つの魔法

第3章 親子で幸せになる片づけの7ステップ

第4章 「4分類仕分け」で家も気持ちもスッキリ

まずは「モノ」を片づける

第5章 「財産整理」は最強の相続トラブル対策
次に「おカネ」を片づける

第6章 これからの人生に彩りを添える「エンディング情報」

最後は「情報」を片づける

第7章 片づけ後、よりよい人生を歩むために必要なこと

第1章
親の家の片づけは早ければ早いほどいい

1 片づけを始めるタイミングは「今」

早速ですが、質問です。

あなたは、親が「心から大切にしているモノ」を知っていますか？

先日、テレビでこんな実験をしていました。

街頭インタビューでご夫婦を対象に「相手のいちばん好きな食べ物を知っていますか？」という質問を投げかけるのです。

ほとんどの夫婦が「もちろん、知っています！」と胸を張って答えるのですが、いざ確認してみると、正解は皆無でした。

ずっと一緒に暮らしている夫婦でさえ、そうなのです。ましてや、離れて暮らす親のこと。それ以上に「わからない」のが実情ではないでしょうか。

遺品整理の現場で聞かれるのは「何を遺して、何を捨てればいいのかがわからない」という声です。

人はたくさんのモノに囲まれて暮らしています。

こぎれいに整えられている部屋であっても、いざ、片づけを始めると、小さなものがこまごま、大量に出てきます。

「どこから手をつければいいのか」と困惑したり、「親の姿が重なって捨てられない」という方も少なくありません。

だからと言って、すべてを遺すわけにもいきません。

ならば、親が大切にしているモノをとっておきたい、そう思いませんか？

親が心から大切にしているモノを知るには、本人に聞くのがいちばんです。

つまり、親と一緒に「生前整理」をすることで解決します。

「親が元気なうちに、大切なモノを聞いておくなんて、死に支度を勧めるみたいじゃない」と思う方もいるかもしれません。実際に講演会やセミナーなどでお話をすると、同じような質問をいただきます。

よく勘違いされるのですが、生前整理と死に支度は似て非なるものです。

生前整理でも天国への旅立ちのことや旅立ったあとのことについて考えます。でもそれはあくまでも、これからよりよく生きるためのプロセス。「残された人生をいかに充実したものにするか」を考えるためのものです。

だからこそ、親が元気なうちに、人生を楽しむ時間がたっぷりと残されているうちに始めたほうがいいのです。

時間が経てば経つほど、生前整理は難しくなっていきます。なぜなら親が齢をとるからです。

高齢になると体力が失われていきます。

気力も弱くなります。

体力、気力が衰退すると、何をするにも億劫(おっくう)になってきます。
親の生前整理を手伝うあなたにしても、それは同じこと。
いちばん若いのは、そう今、このときです。
親子ともども元気なうちに生前整理に取りかかりましょう。

2

親の家の片づけがうまくいく3つのコツ

親の生前整理をすると決めたら、「本気」になりましょう。
本気を出さないと前に進むことはできません。
と言っても、腕まくりをして「ガンガンいくわよ！」という姿勢は基本的にNG。
親がその勢いに負け、挫折(ざせつ)につながりやすいからです。
ここで言う「本気」は具体化させるという意味。
つまり、一つひとつ形にしていくということです。
最初に具体化すべきなのは、「いつまでに終わらせるか」というゴールです。

生前整理は今日始めて明日終わるというものではありません。

状況によって進み方が異なるので一概（いちがい）には言えませんが、だいたい「半年から1年」のスパンで見るようにしましょう。

マラソンと同じで、最初から飛ばしてしまうと、すぐに息切れしてしまいます。何ごとも焦りは禁物。

まずは「ゆるめ」のスケジュールを立ててください。「とりあえず半年でやってみよう。それで終わらなかったら、もう半年」。そんなノリでかまいません。

ただし、前に進み続けることだけは忘れないこと。歩みはゆるやかでも、足を止めない限りは、ゴールに確実に近づきます。

「ゆっくりでいいんだから、今日はやめて今度にしよう」というのは、足を止めるのと同じです。

焦らないし、急がないけど、足も止めない。

そういうペースを守るようにしてください。

続いて「いつ、どのように生前整理をおこなうか」を具体化します。
次の3つのポイントを意識すると、スムーズに進みます。

1. ほかのスケジュールとセットでおこなう

実家に顔を出す機会を活用しましょう。

たとえば、病院に付き添ったり、孫の顔を見せに行ったりするついでに、生前整理を少しずつ進めていくのです。そうすれば「日常の延長」というかたちで生前整理が習慣化されます。

2. 1回につき約1時間を心がける

生前整理をする時は、1回につき45分から1時間くらいを目安に進めましょう。
1日におこなう回数は2回まで、合計1時間半から2時間となります。
「もうちょっとできる」と思うかもしれませんが、根を詰めると疲れてしまいます。
とくに親はあなたより疲れやすいもの。休憩をとりながら進めていってくださいね。

3. 完璧を求めない

完璧を求めると「できたところ」よりも「できていないところ」に目がいくようになり、やってもやっても達成感や満足感が得られず、イライラが生じます。

そのイライラは、動作がゆっくりの親に向かいます。親にとっては、とばっちりもいいところ。やる気もなくなってしまいます。

イライラしてもいいことはありません。完璧は求めないようにしましょう。

生前整理をスムーズにおこなうコツは、「本気でやるけど、ガチガチに固めない」こと。

ほんわかとあったかく、ゆるめのペースで、焦らず、止まらず、少しずつ、確実に進んでいきましょう。

3

最初の1歩はあなた自身の**生前整理**

親の家の片づけに手をつける前に、おこなってほしいことがあります。

それは、あなた自身の生前整理です（具体的な方法は第3章以降参照）。

自分自身の生前整理をすませてから親に勧めるのと、自分は手もつけていないのに勧めるのとでは、親の反応もまったく違います。雲泥の差と言ってもいいでしょう。

実際にやってみるとわかるのですが、生前整理には大変なこともあれば、楽しいこともたくさんあります。

不要なモノを大量に抱え込んでいた自分に愕然（がくぜん）としたり、大事にしていたモノが引き出しの奥からボロボロになって出てきて唖然（あぜん）としたり――。

こうしたことを乗り越えながら生前整理を進めていくと、やがて気持ちがスッキリとし、人生をポジティブに捉(とら)えることができるようになります。

生前整理を通して味わう苦労や大変さ。

その先に待っている達成感や満足感や幸福感。

その一つひとつを経験したからこそ、確信を持って生前整理のメリットを語ったり、具体的なアドバイスしたりすることができますし、そんなあなたからの言葉だからこそ、親も信じ、取り組もうという気になります。

あなた自身が生前整理を経験し、その経験を伝えることが、親をその気にさせるいちばんの近道になるのです。

親に生前整理を勧めるときに、より納得してもらいやすいのが「進捗状況の写真」です。

モノであふれている部屋がシェイプアップされていくプロセスは、必ず撮っておきましょう。

「ほら。あんなに散らかっていた部屋が、こんなにスッキリしたのよ」と写真を見せることで、押しつけがましくない説得力が生まれます。

それを見たら、親も「私もやろうかしら」と言い出してくれるはずです。

4 持ち主である親の気持ちを大切にする

親に生前整理を勧めるときに、絶対に守ってほしい3つのことがあります。それぞれ、お話ししていきましょう。

1．説得ではなく納得してもらうこと

人は、他人から無理強いされると反発したくなります。逆に、腑に落ちる、つまり納得できると、自ら行動を起こそうとします。

何かを勧めるとき、人はつい、説得口調になりがちです。

説得は説き伏せるニュアンスを帯びるので、親は強制されていると感じ、「やるも

親の家の片づけで守るべき3つのこと

1. 説得ではなく納得してもらうこと

2. モノの持ち方の基準の違いを理解すること

3. 今、始めないと後悔するという危機感を持っておくこと

んか」と反発したくなります。これでは、始めることはできません。

納得して、自ら行動を起こしてもらうには、必要性を実感してもらうことが大切。効果的なのが「安全」と「孫」をキーワードにしながら話すことです。

「家の中にモノがあふれていると掃除が面倒だし、空気も淀みがちよね」

「階段にモノがあると、足をひっかけて転ばないか心配だわ」

「○○（孫の名前）が安心して遊びにこられる家にしようか」

生前整理をすると、家の中が親にとっても孫にとっても安心・安全な空間になることを伝えましょう。

大事な孫、そして自分や家族のためだと思えば、親も納得しやすくなります。

2．モノの持ち方の基準の違いを理解すること

モノを所有することに対する価値観は、人によって違うのは当然ですが、世代によっても大きく違います。

それぞれに異なる価値観を持っている者同士が「片づけ」に取り組むわけですから、

すんなりいくことばかりではありません。

お互いの歩み寄りが大切です。

年代によってどんな特徴があるか、押さえておきましょう。

・40代以下

モノをなるべく持たない、シンプルな暮らしがスタンダード。ルームシェアやカーシェアのように、他人と何かを共有することに抵抗感を覚えない人が多い。

・40代から50代

「正しくモノを持つことが大切」、言い換えると「自分に必要だと思うモノ」で暮らすという価値観を持つ。エコ意識が高い。

・60代以上

「モノがたくさんあること＝豊か」という価値観を育んできた世代。戦後の貧しい時代を体験し、そのあとの高度経済成長を支え、大量消費型の社会を築き上げてきたため、モノが多いことにさほど抵抗感を覚えない。

3.「今、始めないと後悔する」という危機感を持っておくこと

なかなか親が納得してくれなかったり、始めてはみたものの、いろいろな面倒やトラブルがあったりして、「こんな思いをしてまでやりたくない」とくじけることもあるかもしれません。

ですが、始めるのが遅くなればなるほど、親、そしてあなた自身も体力や気力が低下します。それが判断力や決断力の衰えにつながります。

「今、始めないと悔やむことになる」という危機感を忘れず、根気よく取り組んでください。

親の家の片づけは、持ち主である親の気持ちが大切です。

あなたの価値観を一方的に強いるのは避けてください。

お互いのモノの持ち方に対する考え方が違うことを意識して、一つひとつ進めていきましょう。

5 片づけるのはモノだけではない

ここまで、「モノ」の片づけを中心にお話ししてきましたが、生前整理は「モノ」だけではありません。モノ以外の「コト」も片づけていきます。

私は生前整理のことを「人生の棚卸し」と呼んでいます。

モノや資産、情報、思い出などを一つひとつ整理していくと、その人の「生き様」が明確になります。

つまり、「私はこういう人生を歩んできた」という軌跡(きせき)が明らかになるのです。

どんな人に出会い、どんなことを感じ、どのような出来事があったか……など、人生を「見える化」すると、自分の人生を肯定する気持ちが生まれます。

実際、これまで多くの方の人生の棚卸しをお手伝いしてきましたが、すべての方が「自分の人生は結構いい人生だった」ことに気づかれ、残りの人生を、自信を持ってイキイキと過ごしています。

おそらく、あなたも、あなたの親も、生前整理を通じて人生を「見える化」することで、様々なことに気づくはずです。

さらに、生前整理は、やっている本人だけでなく、まわりの人たち（とくに家族）も幸せにします。

そこが生前整理と死に支度との決定的な違いです。

生前整理を終えたあと、目の前に広がっているのは「可能性がいっぱいの人生」。

ワクワク感でいっぱいの毎日があなたと親を待っています。

column 1

遺品整理と生前整理ではこんなに違う

最近、遺品整理をめぐるトラブルが急増しています。とても悲しいことです。

トラブルを生み出しているのは、遺品整理を手がける一部の業者。高価な貴重品を「遺品だから」と持ち帰って売ってしまったり、遺品整理の作業費用として高額な請求をしてきたりなど、さまざまな手口による被害が、国民生活センターに報告されています。

遺品整理を自分たちでしようと思って手をつけたはいいものの、思うように進まずに業者に依頼したところ、その業者が悪徳であとから高額を請求された……。これでは目も当てられません。

遺品整理には、時間という縛りがつきものです。

親の家が賃貸であれば、引き渡し期日までに終わらせなければなりませんし、整理期間中も家賃がかかります。

持ち家の場合は、家賃の心配はありませんが、放置されればされるほど家も傷みますし、相続が遅れることになります。

そのため、業者に頼らざるを得ないという方も少なくないようです。

依頼した業者が良心的なところであればよいのですが、残念ながら悪質で強引なやり方をするところも多く、結果、トラブルは増え続けているというのが現状です。

生前整理であれば、このような縛りもありませんし（早ければ早いほうがよいですが）、一緒に片づけることによって、業者に頼む必要がないため、トラブルに巻き込まれることもありません。コストもずっと少なくて済みます。

さらに、何を想い、どんなことを考えながら親が生きてきたのか、いろいろ話を聞きながら片づけを進めることで、あらためて親のことを知ることができ、これからの人生の関わり方がわかります。

新たな思い出を一緒につくってください。

第2章
片づけを始めたくなる6つの魔法

1 心の準備から一緒にする

これまで親と片づけについてお話ししたことがないのであれば、親は、片付けの必要を感じていない可能性が高いでしょう。

そんな状況で、いきなり親に連絡し、「家の片づけをするから時間つくって！」と切り出したら、とてもビックリしてしまいます。

驚かれるだけならまだしも、「ちょっと、それ、どういう意味なの？　死ぬ準備をしろってこと？」と機嫌を損ねられてしまうことだってありえます。

そうなってしまったら、片づけを始めることはできません。

また、親が片づけの必要性を感じながらも、なかなか手がつけられていない場合もあります。

そんなときに、「ほら、やって」などと強く言われたら、「言われなくてもわかっているわよ！」と反発を抱き、やる気をなくしてしまいかねません。

あなたも、自分でも「やらなきゃ」と思っていることを他人から指摘され、ついカチンときて、やる気をなくしてしまったことがあるのではないでしょうか。それと同じです。

まずは、親の心の準備を一緒に始めましょう。

親と話をするときに大事なのは、「生前整理は特別なことでもなんでもない」と伝えることです。

「この前、テレビで見たんだけど」といった切り出し方がオススメです。関連する本や雑誌を見せるのもいいでしょう。

みんなが考えるテーマであり、みんながやっていることだとわかれば、親も「じゃあ、私（たち）もやろうかな」と、重い腰をあげる気になります。

さらに、「最初は大変だったけど、やってみるとすごく気持ちがスッキリとして、毎日が楽しくなったよ」などと、先に実践した先輩として感想を話してあげれば、親も「そういうものなの？」と興味を持ち始めます。

あとは、「ちょっとずつでもいいから、一緒にやってみない？」と自然に言ってみてください。

押しつけがましくなく切り出すことができれば、親がうなずいてくれる確率はぐっとあがります。

親の家の片づけは、親のやる気にかかっています。

あせらず、上手に、引き出してあげましょう。

2 切り出すタイミングは「みんなが集まるとき」

親にやる気になってもらうには、切り出すタイミングも重要です。

私がオススメするタイミングは、お盆、お正月、ゴールデンウイークといった、「みんなが集まるとき」です。

・お盆
ご先祖様の供養(くよう)をしたり、お墓参りに行ったり、「家族」について、そして、これからの自分のあり方について思いを馳(は)せる時期です。

お墓に手を合わせながら「いつかは自分もここに入るんだな」「子どもたちはちゃ

んとお墓参りに来てくれるだろうか」など、親もさまざまなことを考えます。

言い換えれば、残された時間を意識しているということ。このタイミングで一緒に考えようと提案することで、受け入れてもらいやすくなるのです。

・お正月

新しい年のスタートで、気持ちが前向きになる時期です。

「1年の計は元旦にあり」という言葉もあるように、新たな目標を立てるには絶好のタイミングといえます。

「いい年にするためにも生前整理を始めようよ！」などと切り出し、一つの目標として、生前整理を勧めましょう。

・ゴールデンウイーク

実家に長く滞在できるなら、一緒に始めてしまうのもいいでしょう。何日か集中して進めると、実家にいる間に効果を感じてもらえます。季節的にも暑すぎず、寒すぎず、行動を起こしやすいのも、オススメの理由です。

もちろん、これ以外がNGというわけではありません。実家に顔を出して親と話をするなかで「今だったら、自然に切り出せそう」と思ったら、そのタイミングを逃さないでくださいね。

3 応援者であることを伝える

親子の会話は遠慮がない分、表現がストレートになり、言葉が強くなってしまうことも少なくありません。心配するがゆえに、親を否定したり批判したりする言葉をつい口にしてしまうなんてこともあります。

せっかくタイミングよく親に生前整理を切り出すことができても、話し方を間違えてしまったせいで、親のやる気をそいでしまい、失敗してしまったなんてご相談も少なくありません。

親をその気にさせるには、聞き方や話し方にちょっとしたコツがいります。

それが、次の3つです（私たちは、これを「生前整理コーチング法」と呼んで、実際の活動に役立てています）。

1. 傾聴（けいちょう）

注意深く親の話を聴くこと、真剣に耳を傾ける行為です。
親の話には、受容的・共感的な態度で接しましょう。

2. 承認

親のことをまるごと受け入れる姿勢です。生前整理を進めていくなかで親の変化・成長・成果があれば、それを認め、伝えましょう。

3. 質問

親の考えていること、要望を具体化するために、質問で導いていきます。親は質問に答えることで、「自分はどうしたいのか」「何をすべきか」に気づきます。

この3つのテクニックを使って話をすると、生前整理の大切さや今から始めるべきことと理解してもらいやすくなります。

たとえば、こんな感じです。

子「最近、片づけとか生前整理の特集番組多いよね」

親「必要なんだろうけど、齢をとると、なかなかやる気も出なくって……」

子「そうだよね。片づけるって結構大変だもんね」（傾聴）

親「あなたたち（子ども）にも迷惑をかけたくはないし……」

子「ありがとう。私たちのことも考えてくれて。うれしい」（承認）

親「そりゃそうよ。当たり前でしょ」

子「私たちにできることってあるかな？」（質問）

親「そうね……。そういえば、押入れの中に重たい箱があって、困ってたの。お願いできる？」

子「わかった。なんでも手伝うから言ってね」

もちろん、スムーズにいかないこともあります。

親にも気持ちがあるのですから、それは当然です。

あなたが辛抱強く、何度か繰り返すことで、親もいろいろ考え、「やってみようかな」という気になります。

くれぐれも「必要なのがわかっているなら始めようよ」とか、「どうしてすぐに始めないの？　理解できない」など、親を批判、否定する言葉は、口にしないでくださいね。

4 親をやる気にさせる3つの言葉

親に生前整理のことを切り出してみたけれど、なかなかうまくいかない。
実際に始めることはできたけれど、なかなか進まない。
そんなとき、親の背中を押してあげられるのは、あなたのひと言です。
親にやる気を出してもらうのに、とくに有効な3つの言葉を紹介しましょう。

・親がやる気を出す言葉①「その気持ち、わかるよ」

あなたが片づけの話をすると、できない言い訳を延々としてくることも、ときにはあるでしょう。

また、始めてはみたものの、なかなか進まないことについて、さまざまな言い訳をしてくるかもしれません。

そんなときは、反論せずに頷(うなず)きながら、話を聞き、その言葉の奥にある気持ちを受け取ってあげてください。

「その気持ち、わかるよ」と、あなたに言ってもらえることで、親も気持ちが落ち着きますし、自分のことを見てくれていると感じて、「(もう1回)がんばってみようかな」とやる気を出してくれます。

・親がやる気を出す言葉② 「いつもありがとう」

齢を重ねるにつれ、多くの親は「子どもには迷惑をかけてはいけない」という気持ちを抱くようになります。

その想いから、自分の家の片づけ、生前整理に「子どもの手を煩(わずら)わせて申し訳ない」「こんなに手間をかけさせてしまうなら、やらないほうがいいのでは」などと考え、手が止まってしまうこともあります。

「いつもありがとう」とあなたが伝えることで、親は自分の存在ややっていることが、子どもの役に立っていると感じ、前に進むことができます。

片づけに限らず、どんなときも有効な言葉なので、どんどん伝えてください。

・親がやる気を出す言葉③「うんうん」（笑顔）

いざ片づけが始まっても、思い出のモノを見つけたり、処分方法に悩んだりして、親が話に夢中になってしまうことがあります。

作業の手が止まったり、以前聞いた話を繰り返してすることもあるでしょう。

「その話、前にも聞いたわよ」などと言わずに、何度でも聞いてあげてください。

何度も繰り返し話をするということは、親にとって大切な出来事。その出来事を大事に受け止めていることを笑顔で示していきましょう。

ほかにも、オススメの言葉を次ページで紹介しています。

親のやる気が、片づけ成功の大きなカギになります。

〝やる気ワード〟を使って、上手に親のやる気を引き出してあげてください。

親を“やる気”にさせる言葉

- 家がどんどんキレイになってきたね
- 大丈夫！　絶対できるよ
- 私にも手伝わせて
- さすが、お母さん（お父さん）！
- いい感じだね
- 一緒にやろうね
- スゴイ！
- びっくりした

5

親のペースを尊重しながら少しずつ進める

生前整理のメリットを伝え、親もやる気になってくれた。

これでひと安心、と言いたいところですが、必ずと言っていいほどぶつかる壁があります。

それは、親の片づけのペースの遅さ。

おそらくあなたの思うようには進まないため、イライラしたり、ジリジリしたりすることでしょう。

その気持ち、とってもよくわかります。ですが、ここはちょっとガマンしましょう。

あなたより齢を重ねている分、体力も落ちていますし、根気が続かないのは当然だからです。

このときの心の持ち方として、次の3つを覚えておいてください。

1. 待つこと

片づけのペースの遅さについては、いろいろ思うこともあると思いますが、これは「そういうもの」だと割り切るしかありません。

生前整理では、思い出のあるモノも片づけていきます。ついつい思い出にひたることも多くなり、時間もかかってしまうものです。

コツをつかむと、親のスピードも少しずつ上がります。そのときを待ちましょう。

2. 信じること

人は信じてもらうと、その期待に応えようとするもの。親も、あなたが信じてくれるから、その思いに応えたいと頑張ります。

反対に、信じてもらえていないとわかると、「どうせ、やれっこないって思っているんでしょ」と、心が折れてやる気がなくなってしまいます。

また、あなた自身も親の悪い部分にばかり目がいき、「やっぱりできないのね」とか「やる気あるの?」などと思ってしまいます。言葉にしなくても、そう思っていることは自然と態度に出てしまうため、親に伝わります。

一生懸命がんばっているのに非難されては、親だっていい気持ちがしません。

親は必ずやり遂げてくれる。そう信じましょう。

3. 続けること

生前整理は1日では終わりません。

休み休みでもいいので、とにかく継続するように働きかけましょう。

どんなに少量であっても、やった分だけ、必ずゴールに近づいています。

そのことを伝え続けてあげましょう。

親は齢を重ねている分、体力も衰(おとろ)えていますから、やる気があっても、途中で疲れたり、投げ出したくなったりすることもあります。

そんな様子が見えたときは「何か手伝えることある？　何でも言ってね」とやさしい言葉をかけてあげましょう。

そのひと言が、「もうちょっと頑張ろうかな」と、やる気を生むきっかけになります。

どんなときも、親の応援者でいてあげてください。

6 絶対に言ってはいけない3つの言葉

親のことを信じるとは決めたものの、イラッとしてしまうこともあるでしょう。

そんなとき、つい口走ってしまったひと言で、親が傷つき、生前整理をあきらめてしまうこともあります。

これでは、せっかくここまで一緒に頑張ってきたかいがなくなるというもの。

親に対して、絶対に言ってはいけない3つの言葉を押さえておきましょう。

・言ってはいけない言葉①「死んだら誰が片づけると思ってるの!」

これはあまりにも自分本位な言葉。

「面倒なことを押しつけられてはかなわない」という気持ちが出ているので、こういう言葉を投げつけられると、親はやる気を失ってしまいます。

・言ってはいけない言葉②「早く片づけてよ！」

イラだちのあまり、つい口にしてしまうのが「早く」という言葉。口グセになっている方もいるかもしれませんね。

親からすれば「早く早く」と急かされるのは「早くしないと間に合わないわよ」と言われているようなもの。冷静に考えると、いかに親を傷つける言葉なのかがわかるはずです。

・言ってはいけない言葉③「もう、勝手に捨てるからね！」

これではおどしているのと同じです。

あなたにとってはたいしたことがないと思うモノでも、親にしてみれば思い出が詰まった大切なモノ。勝手に処分されるなんて、たまったものではありません。

もし、どうしても作業が進まない場合は、「捨てる」という言葉はキツイ印象を与えるので、「手放す」という言葉を使いましょう。

そして、「リサイクルに出す」「誰かに譲(ゆず)る」という方向に持っていきます。

私の経験上、次に使ってくれる人がいると思うと手放していただけます。

一つの言い方として覚えておくと便利です。

親子の間では遠慮のない言葉のやりとりが交わされるのは自然なことですが、よかれと思って言った言葉が、親の心を深く傷つけてしまい、感情的な対立を生み出すこともあります。

ここで紹介した「絶対に言ってはいけない言葉」はその筆頭格です。

ほかにも、気をつけたい言葉を次ページで紹介しています。

油断しないよう気をつけてくださいね。

親の“やる気”を奪う言葉

- 本当にだらしないんだから……
- ゴミ屋敷じゃない
- こんなところに子どもを連れてこられないわ
- 恥ずかしいと思わないの？
- ゴミばかりじゃない
- やるやるって、口ばっかりじゃない
- とにかく捨ててよ
- どうしてできないの？
- もう、全部捨てたら？
- そんなの必要ないでしょ

column 2

認知症になったお母様からのメッセージ

先日、80代のお母様が認知症になり施設に入られたため、実家の片づけを手伝ってほしいとの依頼を受けました。

依頼主は、50代後半の息子さんで、同居はしていらっしゃらないとのことでした。

いざ片づけを始めてみると、あちらこちらから旅行のパンフレットが出てきました。宿泊施設や観光スポットに手書きでチェックが入っています。

息子さんに「行ったことがある場所ですか?」と尋ねると、「いや、行ったことはないはずです」との返事。

さらにお母様は、お友達同士で旅行に出かけるタイプではないと言います。

「どういうことだろう」

何か、大事な意味がある気がして、私はもう一度、お母様の書き込みを見直しました。

「あっ」

理由に気づいた私は、思わず声をあげてしまいました。

そうか、そうだったんだ！

ほかのパンフレットの書き込みも念のため確認しましたが、やはり間違いありません。

すぐに、隣の部屋で作業をしていた息子さんをお呼びしました。

「おそらくお母様は、息子さんと一緒に行きたいと思ってチェックを入れていたのだと思います。パンフレットを見せて『一緒に行こう』って、そう言いたかったのではないでしょうか」

そうお伝えしながら、息子さんにパンフレットをお渡しすると、あわててページをめくり始めました。目には涙が浮かんでいます。

私は、気づかないふりをして、作業に戻りました。

息子さんは、そのあと、部屋にあったパンフレットをすべてチェックしたようです。お母様と一緒に片づけはできませんでしたが、お母様の想いや生き様に触れることができました。

息子さんも、片づけの最中、何度か涙ぐんでいたので、痛いほど、お母様の想いを受け止めたのでしょう。

息子さんがかつて使っていた部屋は、そのままの状態でした。息子さんを愛していた証です。もしかしたら、実家に戻ってきてほしかったのかもしれません——。

生前整理は、これまで知らなかった親の想いに触れる大事な機会。

生前整理後に親子関係を見直したり、やり残していたことを実現したりする方は少なくありません。

依頼主である息子さんも、これまで年に数回しか顔を合わせていなかったのですが、今では、毎日のように施設に足を運び、天気のよい休日には、お母様が残していたパンフレットを手に、２人でドライブにも出かけています。

第3章

親子で幸せになる片づけの7ステップ

1 順番に沿って片づけることが大事

ここまで生前整理を進めていくにあたっての「心構え」をお伝えしてきました。

本章では、具体的な進め方についてお話ししていきます。

生前整理は、7つのステップに沿っておこないます（次ページの表参照）。

最初は実家のモノの片づけ、次に、これまでの人生を振り返って整理し、これからどう生きたいかを考え、最後に残りの人生を充実させるための準備をします。

親の家の片づけは、次ページの7つのステップを順にこなしていくことが肝心です。

生前整理をスムーズに進めるポイントといってもいいでしょう。

それぞれ見ていきましょう。

生前整理をスムーズに進める7つのステップ

ステップ1　親の家のモノを片づける（4分類する）

ステップ2　写真を整理して人生を俯瞰（ふかん）する
（ベストショットアルバムの作成）

ステップ3　親の自分史を作成する

ステップ4　親の人生の幕引きを考える

ステップ5　親のこれからの人生を考える
（やり残しリストの作成）

ステップ6　親が大切にしている人を知る

ステップ7　メッセージを伝える

2

ステップ1

まずは「モノ」から片づける

人はたくさんのモノに囲まれて暮らしています。

実家にもさまざまな「モノ」があるはずです。普段は目に見えていない押入れの奥や天井裏、倉庫などに収納されているモノも入れると、数千単位になることも。

まずは、その「モノ」の片づけから生前整理は始まります。

手順は、次のとおりです。

①家の間取り図を描く
②片づける部屋の順番をつける

③モノを4つに分類する
④思い出のモノを厳選する
⑤「思い出箱」を作り、収める

モノの具体的な片づけ方については次章で詳しくお話ししますが、「いる」か「いらない」かだけでなく、「思い出のモノ」かどうかも判断の軸になります。「思い出」があるからこれだけは残したいというモノがはっきりすれば、より「いらない」モノがはっきりしてくるため、片づけを進めやすくなるからです。

それぞれの進め方についてお話ししていきましょう（詳細は第4章）。

①家の間取り図を描く

家全体の空間を把握し、どの部屋に何があるのかをざっくりと理解するためのものなので、部屋の位置や大きさがわかるくらいの間取り図を描いてください（69ページ参照）。親に描いてもらってもいいですし、あなたが描いてもいいでしょう。

②片づける部屋の順番をつける

家の全体像をつかんだら、片づける順番を決めます。

片づける本人（親）にとって「思いどおりになりやすい部屋」（ほかの家族の確認がいらない部屋）順がいいでしょう。

たとえば、母親と片づけを進める場合は、たいてい①本人（母親）の部屋、②キッチン、③リビング、④寝室、⑤父の部屋といった順でおこないます。

生前整理をおこなう本人のモノがたくさんある部屋の順と言ってもいいですね。

順番を決めたら、間取り図に番号を書き込みます。

③モノを4つに分類する

決めた順番に沿って、一つひとつの部屋で片づけをおこないます。

まず、最初の部屋のなかにあるモノを一か所に集めます。

と言っても、室内のモノをすべて出し切ってしまうと収拾がつかなくなってしまうので、机なら机、棚なら棚と範囲を決めておこないます。机の場合は、机の上にある

間取り図の描き方例

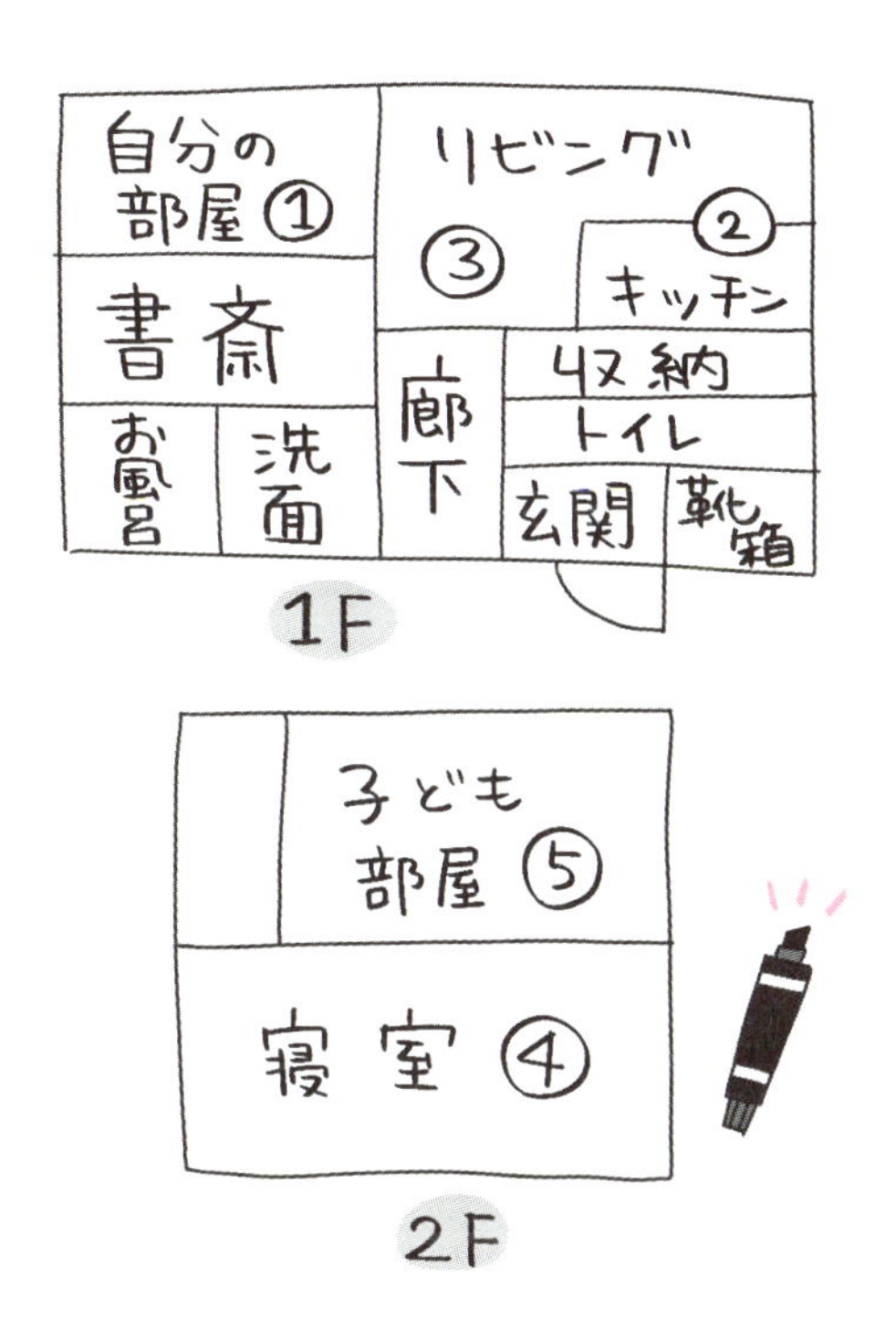

1. どの部屋に何があるのかをざっくりと理解するために、間取り図を描く。
2. 片づける本人（親）にとって「思いどおりになりやすい部屋」（ほかの家族の確認がいらない部屋）から順に番号をつける。

モノ、引き出しに入っているモノすべてを1か所に集めてください。

そのあと、一つひとつ確認しながら、「いる」「いらない」「迷い」「移動（思い出）」の4つに分類します（詳細は第4章1）。

④思い出のモノを厳選する

「移動（思い出）」に分類した中から「思い出」のモノを取り分け、一つひとつ親に「どのような大切な思い出」があるかを判断してもらいます。

そのうえで「確実に残しておきたいモノ」だけを選んでもらい、あとのモノは、「ありがとう」と言って手放してください。

残すか手放すか迷ってしまう場合は、とりあえず「迷い」に分類し、またあとで考えましょう（詳細は第4章1）。

⑤「思い出箱」を作り、収める

すべての部屋の片づけが終わり、厳選した「思い出のモノ」が出揃ったら、これらを収めておく箱を用意します（私は「思い出箱」と呼んでいます）。

オススメはミカン箱サイズ（幅37センチ×奥行33センチ×高さ24センチ）で、両手で抱えられる程度の大きさ。

「ちょっと小さいのでは？」と思うかもしれませんが、この大きさまで厳選するからこそ、本当に大切なものだけになるのです（遺品となったときもしまっておきやすい）。

大切な思い出が刻み込まれているモノを保管する箱ですから、箱自体も取っておきたくなるオシャレなものにしてしまいましょう。

私は紙の箱を着物地でおおったものを使っています。もうソデを通すことがない着物を再利用しました。高級感が出て、見栄えもいいですよ。

「思い出」と向き合うため、親もいろいろと戸惑ったり、考え込んだりして作業がはかどらないこともあるかもしれません。

そんなときは、「ゆっくりでいいので進めていこうね」と励ましの言葉と共にあなたがしっかりサポートしてあげてください。

3 ステップ2 写真を整理して人生を俯瞰する

～ベストショットアルバムの作成～

もっとも整理が難しいのが写真です。

どれも思い出があり大事なものだとは思いますが、すべて残しておこうとすると、それだけで思い出箱がいっぱいになってしまいます。

1枚1枚確認して、どうしても残しておきたいものを選んでもらいましょう。

風景だけの写真、お友達だけの写真、同じようなポーズ（構図）の写真など、実際、あらためてよく見ると、「いらないかな」という写真もけっこうあるものです。

写真を処分しても思い出は心に残ります。悩んでいるときは、そうアドバイスしてあげましょう。

写真の整理をする際、親と一緒にしていただきたいことがあります。

「ベストショットアルバム」の作成です。

その名のとおり「人生のベストショット」ばかりを集め、このアルバムを開けば人生の軌跡が伝わるというすぐれもの。

収める写真は30枚を目安にしてください。

「少ない」と思うかもしれませんが、徹底して厳選することで、人生の輝き（ベストショット）がより鮮明になってきます。

「ベストショットアルバム」の作り方は77ページのとおりです。

「ベストショットアルバム」が完成したら「このアルバムを見て何を感じる？」と、ぜひ感想を聞いてみてください。

「自分は幸せな人生を歩んできたと思う」など、人生を肯定する言葉が少しでも出てきたら大成功です（実際、「ベストショットアルバム」を作成した方のほとんどが、そうおっしゃいます）。

「ベストショットアルバム」は、遺影を選ぶ際にも役立ちます。

写真を時系列に貼っているので、最後のページの写真、つまり、最近のベストショットを選べば、葬儀に訪れた方々にも輝いていた親を見ていただくことができるからです。

それは、「いい人生を歩ませてもらいました。満足して旅立っていきます」というメッセージにもなります。

ちなみに、遺影のことを、私は「エターナルフォト」と呼んでいます（「エターナル」は永遠という意味）。この言い回しはオススメです。

「『遺影』という言葉を切り出すのはちょっと……」と躊躇（ちゅうちょ）してしまう場合は、「エターナルフォト」という言葉を使うといいでしょう。

そして、あなた自身の生前整理の経験を生かして「私も『エターナルフォト』を自分で選んだの。変な写真、使われたくないじゃない」と切り出せば、納得して選んでくれるはずです。

ベストショットアルバムの作成は生前整理の中でもとくに大切なプロセス。一緒に親の人生の思い出を振り返りながら、楽しんで進めてください。

写真は単なるモノではありません。

親がこれまで生きてきた中で出逢った1シーンが写真には写し出されています。親の人生の縮図、と言ってもいいでしょう。

人生の縮図となる写真を整理することで、どんな人生を歩んできたのかを振り返ることができます。

子どもであるあなたからすれば、親は常に父親であり母親であったでしょうが（思い出もあなたの親としてのものばかり）、親にも親でない人生が必ずあります。

親になる前に、いったいどんな人生を歩んできたのかが、写真を整理することで見えてきます。

写真を通して、親の人生を俯瞰する。

そうすることで、また違った関係性が始まるかもしれません。

④選んだ30枚の写真をアルバムに貼る

①のアルバムに、選んだ30枚の写真を時系列に沿って貼っていく。このとき、いつの写真で、どんな思い出があるのかを付箋等に書き出し、一緒に貼っておく。（コメント欄があるタイプなら、そこに書き込んでもOK）。

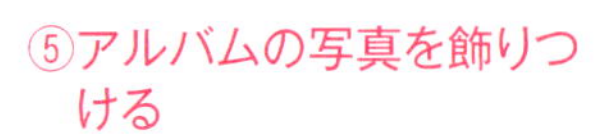

⑤アルバムの写真を飾りつける

①のアルバムに貼った写真を、マスキングテープやシールなどを使って飾りつける。

残った70枚の写真は、いつのもので、どんな思い出があるかをフセン紙に書き出して、写真の裏に貼り、B7クリアポケットに入れて「思い出箱」へ（第3章2参照）。

ベストショットアルバムの作り方

①コンパクトなアルバムを準備する

親と一緒に大型文具店に出かけ、持ち歩きに便利なコンパクトタイプのアルバムを選ぶ(30枚以下のものは避ける)。台紙の取り外しがラクなデコラップタイプがオススメ。

②手元にあるアルバムを時系列に並べる

どんな写真があるのか、また、どの時期の写真が多いか、もしくは少ないのかが一目瞭然になる（量の見える化)。

いい写真が見つからない場合（時期）は、データになっている写真をチェックしてプリントアウトして揃える。

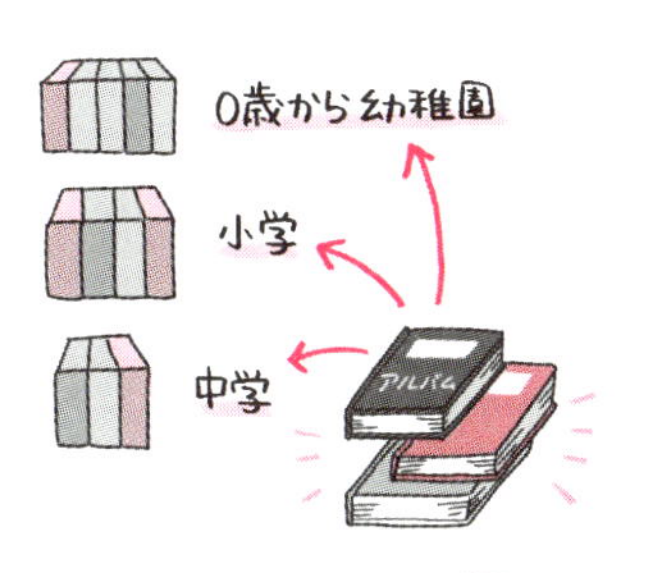

③輝いている親の写真を選ぶ

まずは、ざっくりよさそうなものを100枚程度選び、アルバムからはがす。さらにそこから30枚を厳選する。

4

ステップ3

親の自分史を作成する

ベストショットアルバムで人生の軌跡を凝縮させました。

でも、それだけでは伝えられない人生の出来事や想いもあるでしょう。

これらは「自分史」というかたちで残しましょう。

と言っても、長い文章を書く必要はありません。

81〜83ページで紹介している設問に答えていけば、できあがります。もちろん、アレンジしていただいてもOKです。

「自分史」と言ってはいますが、親自身ではなく、子どもであるあなたが書いてあげてください。

親がどんな人生を歩んできたのかを知ることによって、あなた自身のルーツを知ることにもなるからです。

また、親がいったいどんな子どもだったのか、何が好きで、どういうことに夢中になっていたのか、誰と出会い、何に喜びを感じたのか——。

さまざまな話を聞くうちに、「親も若いときは悩んだり、好きな人に胸がときめいたりしていたんだ」という当たり前の事実に気づきます。

写真の整理をしながらおこなうと、よりイメージが鮮明になり、親も言葉数が増えるのでオススメです。

これまであなたが知っている親は、大人になってからの姿でしかないはず。

でも、この「自分史」、そして「ベストショットアルバム」の作成を通して、親が「親」になる前の人生に触れ、親も1人の生身の人間であることを認識できるはずです。

そして、生前整理を通して親の過去を知ることで、過去と現在がつながっていること、さらに現在と未来もつながっていることを感じることができます。

つまり、未来は現在の選択や行動によって、よりよいものになるということです。残された親の人生をよりよいものにするために、子どもとして、今、何をすべきか、考えるきっかけにしてください。

自分史を作るためのインタビューシート

以下の項目について親に答えてもらい、
自分史の材料を集めましょう。

出生について

・名前：
・血液型：　　　　・生年月日：
・出生地：
・エピソード：

両親について

・父親の名前：　　　　・生年月日：
・父親との思い出：

・母親の名前：　　　　・生年月日：
・母親との思い出：

兄弟姉妹について

・名前・関係性：　　　　・生年月日：
・思い出：

・名前・関係性：　　　　・生年月日：
・思い出：

・名前・関係性：　　　　・生年月日：
・思い出：

学校の思い出

・小学校：＿＿＿＿＿＿＿＿小学校　＿＿＿＿年卒業

・楽しかった遊び：

・心に残っている思い出：

・大好きだった教科：

・中学校：＿＿＿＿＿＿＿＿中学校　＿＿＿＿年卒業

・尊敬していた人：

・夢中になったこと：

・心に残る思い出：

・高校：＿＿＿＿＿＿＿＿高等学校　＿＿＿＿年卒業

・なりたかった職業：

・のめり込んでいたこと：

・心に残る思い出：

・その他学校の思い出：

仕事について

・これまでの職業（職歴）と会社名：

・仕事でいちばんうれしかったこと：

・仕事でいちばん苦労したこと：

配偶者について

・配偶者の名前：

・生年月日：　　　　・結婚記念日：

・相手を選んだ理由：

配偶者との思い出

・結婚する前：

・結婚後：

子どもについて

・名前：　　　　・生年月日：

・命名の由来：

・思い出：

・名前：　　　　・生年月日：

・命名の由来：

・思い出：

現在の私

・趣味：

・好きな音楽：

・好きな（　　　　）：

・好きな（　　　　）：

・好きな（　　　　）：

・好きな（　　　　）：

・好きな（　　　　）：

・よく行くお店：

・現在通っている習いごと：

・所属しているクラブやサークル：

・夢中になっていること：

5

ステップ4

親の人生の幕引きを一緒に考える

続いて、最期の旅立ちの準備、つまり「どのような葬儀にするのか」を決めていきます。

いざ葬儀をするとなると、短時間でいろいろなことを決めなければなりません。

葬儀社はどこにするのか、葬儀はどの場所でおこなうのか、参列者として誰に連絡をすればいいのか、予算はどうするのか……。

実にたくさんのことを、しかも細かいところまで「すぐに」決めなければならず、結果として遺族の負担は相当なものとなります。

最前を尽くしたつもりでも、親にとって大事な人たちから不評だった、なんて事例も少なくありません。

とは言っても、親に「葬儀のことを決めておこうよ」と切り出すのはためらいがあるでしょう。

親もショックを受けてしまうかもしれません。

オススメは、「これまで参列したなかで、どんな葬儀が印象に残った？」と、尋ねること。

親の年代ともなれば葬儀には何度か参列しています。そのなかで「いいお葬式だな」と思ったのはどのようなものだったのかを聞くのです。そこには親が希望する葬儀へのヒントが隠されています。

「たくさんの人たちが集まってくれて、故人もうれしいだろうなと思った」という感想なら、本人も多くの人に見送ってもらいたいと考えていると推察できます。

「会場への送迎バスがスムーズで行きも帰りも楽だったよ」という答えなら、参列者に不便をかけたくないという心遣いが根底にあると言っていいでしょう。

親自身も参列した葬儀の話をすることで「自分の葬儀はこうしたい」と考えるようになります。

そして可能ならば、どんな葬儀にしたいのかをどんどん聞いてみましょう（葬儀のプロデュースについては、第6章参照）。

自分の葬儀を考えることは、残りの人生をよりよくするために欠かせないイベントだと、私は考えています。

というのも、葬儀は人生のゴールを迎えたときのセレモニー。

ゴールを意識することで、必然的にそれまでの時間、人生の残り時間についても考えるようになり、1日1日を大切にするようになります。

そうすることでまた、残りの人生がより輝き出します。そのきっかけを親に提供してあげましょう。

6 ステップ5 親のこれからの人生を考える
～やり残しリストの作成～

「やりたいなあ」と思いながら、実行できていないことはありませんか？

たいていの人が、「やり残していること」を持っています。

親にも「行きたいな」と思いながら行くことができていない場所や「やりたいな」と思いながらやれていないことがあるはずです。

それらをすべて書き出してもらいましょう。

名づけて「やり残しリスト」です。

「やり残しリスト」の項目は次の３つです。

①行きたいと思いながら行くことができていない場所
②和解したいけれどできていない人や謝りたい人
③やりたいと思いながらできていないこと

リストは、親本人に書いてもらっても、あなたがヒアリングしてもかまいません。できあがったリストは、親と共有しましょう。

というのも、この「やり残しリスト」は、あなたにとっては「親孝行リスト」。親が人生でやり残していることを、残りの人生でやり遂げる、クリアするためのお手伝いをしてあげることによって、親孝行ができるからです。

たとえば「行きたいと思いながら行くことができていない場所」があるなら、その場所に行くために何をすればいいのかを、あなたが具体的に考えましょう。

いつ行くのか、交通手段は何にするのか、費用はいくらかかるのか、ほかに誰と行くのか、必要な手続きや手配は何か……。

手伝ってあげることで、親がやり残したことが減るだけでなく、あなたも実現する

私のやり残したこと

①行きたいと思いながら行くことができていない場所

②和解したいけれどできていない人や謝りたい人

③やりたいと思いながらできていないこと

お手伝いができることでうれしい、楽しい思い出となります。
後悔のない人生などありません。
でも、後悔の少ない人生はあります。
リストの項目を一つずつクリアすることで親の人生は充実し、それをお手伝いする
あなたも大きな満足感を得ることができます。
やり残しリストは、後悔の少ない人生をつくる道しるべになるのです。

7 ステップ6 親が大切にしている人を知る

親の残りの人生を無駄にしないためにも、もう一つ見直してほしいものがあります。

それは、人間関係です。

人間関係を整理して、付き合い方を「見える化」するのです。

整理にあたって有効なのが「大切な人のリストアップ」です。

ふだんお付き合いをしている人から、もう何年も会っていない人、遠くに住んでいる人も含めて「この人との関係は大切」と思える人たちをリスト化していきます。

しかし、いきなり「誰と付き合っているのか教えて」などと言ったら、「あなた、何をたくらんでいるの？」と不信感を抱かれてしまいます。

そんなときに役に立つのが、年賀状や暑中見舞い。こうした手紙類の整理を手伝うとスムーズに進められます。

リストには、相手の名前と連絡先を記載します。また「カテゴリー」という項目を設けて、「家族」「趣味仲間」「ご近所さん」「昔からの友人・知人」「サークル・老人会の仲間」など、関係性も記しておきます。

また、誰がキーパーソンなのかも記しておくと便利です。キーパーソンとは「この人に連絡したら、みんなに伝えてくれる」というネットワークを持っている人です。

このリストは葬儀にお招きすべき人たちの名簿としても活用できます。仮にリストから漏れてしまった人があっても、キーパーソンを押さえておけば、カバーできる可能性が高くなります。

ほかにも、入院したとき、病状が思わしくないとき、最期を迎えるときなど、これからの人生に起こりうる出来事のどのタイミングで連絡するのがよいのかも、聞いておきましょう。

親がどんな人たちとお付き合いをしているのか、見える化することで、トラブルを

「大切な人リスト」

カテゴリー	名前	連絡先	タイミング	備考
老人会	○○花子	03-○○○-×××	入院	キーパーソン！
友人	○○太郎	052-○○○-×××	葬儀	耳遠い

防ぐこともできます。

大切な人のリスト化は、親自身を守るリストにもなるわけです。

高齢者は悪意を持つ人たちの勧誘やセールスの対象になってしまいがち。怪しいなと思われる相手のことは、詳しく話を聞いておきましょう。不安の芽は、早めに摘んでおくに越したことはありません。

8

ステップ7 メッセージを伝える

生前整理を通して、これまで歩んできた人生を振り返ることで、これまでたくさんの人に支えられてきたからこそ、今の自分がいることに気づいたはずです。

そしておそらく、まわりの人たち、身近にいる大切な人たちへの感謝の思いが生まれたことでしょう。

その気持ちをメッセージにして贈る、それが、最後のステップです。

まずはあなたから、親にメッセージを送りましょう。

メッセージを伝えるときのポイントは2つです。

1. 相手への感謝の思いを込める

感謝の思いが伝わる言葉を使います。

「ありがとう」

「お母さん、あなたのおかげです」

「お父さん、感謝しています」

ストレートな表現ほど受け取った相手は喜んでくれます。

2. 共通の思い出を入れる

大切に思う相手との思い出をエピソードとして入れます。共通の思い出があると、相手にも当時のことがよみがえります。

楽しい思い出であればあるほど、感謝の思いも深く伝わります。

では、具体的にどのようにメッセージを伝えればいいのでしょうか？

私がオススメするのは「手紙」です。

思いをメッセージとして手紙にしたため、親に贈りましょう。

よく「照れくさいので、自分が死んだあとに読んでもらう」と言う人がいますが、それはオススメしません。生きているうちに心を通わせることが大切だからです。

手紙を書いたら、必ずすぐに渡しましょう。

手紙という形に残るモノで自分の気持ちを伝えると、「ありがとう」「うれしかったよ」などと、親からメッセージが返ってくることもあります。

その言葉は、今後のあなたの人生を今まで以上に輝かせてくれることでしょう。


以上、７つのステップをお伝えしてきました。

これらのステップを短期間ですませようとすると大変ですが、時間がかかっても着実に進めていけばいつかは終わります。

一つひとつのプロセスを楽しみながら、進めていってください。

column 3

家の中を片づけると家族関係もうまくいく

「あなたたち、何をしに来たの！」

片づけのご依頼をうけて、あるお宅にうかがったときのことです。玄関に入るなり、中にいらしたお母様（70代）から一喝されました。

依頼者は息子さん（50代）。家のなかにモノがあまりに多いので、片づけを手伝ってほしいとのことでした。ところが、お母様はそのことを聞かされていなかったようで、警戒心をあらわにしながら私たちをにらみつけています。

お母様の剣幕に釣られたのか、息子さんも怒鳴り返します。

「こんなにモノがあったら、死んでからが大変だろうが」

「私に死ねというのか、お前は！」

目の前で親子ゲンカを始める2人。

実はこのような状況に遭遇するのは、決してめずらしいことではありません（そのたびに、いつもいたたまれない気持ちでいっぱいになります）。

とりあえず、息子さんのお部屋を片づけることにしたのですが、やはり気になるのでしょう。途中、何度かお母様が様子を見に来ては、「こんなに散らかして」「恥ずかしい」などとおっしゃり、そのたびに息子さんも言い返し、緊迫した状態が続きました。

お母様の態度が和らいできたのは、片づけがずいぶん進んでからでした。

「ちょっとあなた。こっちに来てちょうだい」

そう呼ばれて行ってみると、お茶を用意してくださっていました。2人でお話ししていると「私の部屋も片づけてもらえないかしら？」とお母様。息子さんの部屋がきれいになったのを見て、感じるものがあったようです。

最終的には、家の中すべての片づけをさせていただくことになり、最後はお母様と息子さんが笑顔で肩を並べて見送ってくださいました。

人は荒れた空間にいると心まで荒んでしまいます。

家が片づいていないと、不要な争いが起きやすくなり、家族、親子の仲が悪くなりかねないともいえます。

部屋を片づけて、気持ちも、家族、親子関係もスッキリしましょう。

第4章

「4分類仕分け」で家も気持ちもスッキリ

まずは「モノ」を片づける

1

モノは4つに分けて片づける

それでは実際に片づけ作業に入りましょう。

一般的に片づけをするときは「いる」「いらない」の2分類で判断します。

しかし、この分け方だと、「捨てる」に分類できないモノはすべて「残す」ことになり、手放していいはずのモノも残してしまうことになります。結局、出したモノを元の場所にしまっただけという例も少なくありません。

反対に「捨てなければ」「手放さなければ」という思いに縛られてしまうと、大事なモノまで捨ててしまい、後悔する羽目になるなんてこともありえます。

以前、お母様との関係がうまくいっていなかった女性からの依頼で遺品整理をお手伝いした際、彼女の「へその緒」が入った箱が見つかりました。

彼女は、「母との思い出のモノなんていらないわ」と言って、捨ててしまいました。

ところが、ほどなくして子どもを授かった彼女は、母と子のつながりを、身をもって実感したことで、「へその緒」を捨ててしまったことを後悔します。その様子は見ていてとても切ないものでした。


こうした事態を防ぐために、いる、いらないの2分類ではなく、4分類で仕分けする片づけ法がオススメです（「4分類仕分け法」と言います）。

4分類には、「①いる」「②いらない」のほかに「③迷い」「④移動（思い出）」があります。

それぞれについて説明していきましょう。

①「いる」に分類するモノ

今、その場で使っているモノや将来、確実に使うモノは「いる」に分類してください。

親の世代にありがちなのが「いつか使うから」と使う予定のないモノを溜め込んでいること。デパートの紙袋、お菓子の空き缶などがそれにあたります。

「使っているモノ」と「使えるモノ」はまったく別のモノとして考えてください。現在、本当に使っているモノだけを残しましょう。

いつか使うかもしれないという気持ちはわかりますが、今使っていないということは、「必ず使うモノ」ではありません。手放しても支障はないのです。

②「いらない」に分類するモノ

今使っていないだけでなく、将来も使う予定がないモノです。

ただし、小さい頃に使っていたお箸(はし)などのように、今後、使う可能性がなくても思い出の品として残しておきたいなど、一概に「いらない」と言い切れないモノもなかにはあるでしょう。

そういう場合は、「③迷い」か「④移動（思い出）」に分類してください。

③「迷い」に分類するモノ

思い出として残そうか、それとも手放そうか、すぐに判断がつかないモノは、「迷い」に分類します。

判断の目安は、8秒間。モノを手にして「残すか手放すか」と悩んで結論が出ないまま8秒以上経ったら「迷い」に入れましょう。

この8秒という時間は私がたくさんの方たちの片づけのお手伝いをしてきたなかで導き出しました。5秒だと直感に頼ることになってしまうので短かすぎますし、10秒だと、変に迷う時間ができてしまうからです。「8秒ルール」と覚えてくださいね。

「迷い」に分類したモノは空き箱や紙袋に、ひとまとめにします。そして、半年後の日付を入れておき、半年後、あらためて仕分けをおこないます。時間をおいたぶん、より冷静に判断できます。

④「移動（思い出）」に分類するモノ

ここには思い出のモノとして確実に残すと決めたモノ、また、ほかの部屋に移動させるモノなどを分類します。

「移動」としているのは「もともとあった場所から『思い出箱』（第3章参照）に場所を移して保管する」からです。


4分類仕分け法は、ブルーシートを使うと便利です。シートにガムテープを縦と横、十字に貼って4つのスペースを作り、それぞれに「いる」「いらない」「迷い」「移動（思い出）」と書いて該当するモノを置いていきます（次ページ参照）。

こうすると片づけの状況が一目瞭然なので、とても便利です。


片づけをしていると「これはどう処分したらいいのかしら？」「これは手放してもいいのかしら？」といったモノが出てきます。

次項目からは、片づけにあたってよく相談されるモノ、また、悩みがちなモノをピックアップして、対処方法をお話ししていきます。ぜひ、参考にしてください。

4分類シートの作り方

1. ブルーシートを用意する

   大きい場合は、1.8メートル四方（目安）に切る。

2. ガムテープなどで、4つに区切る

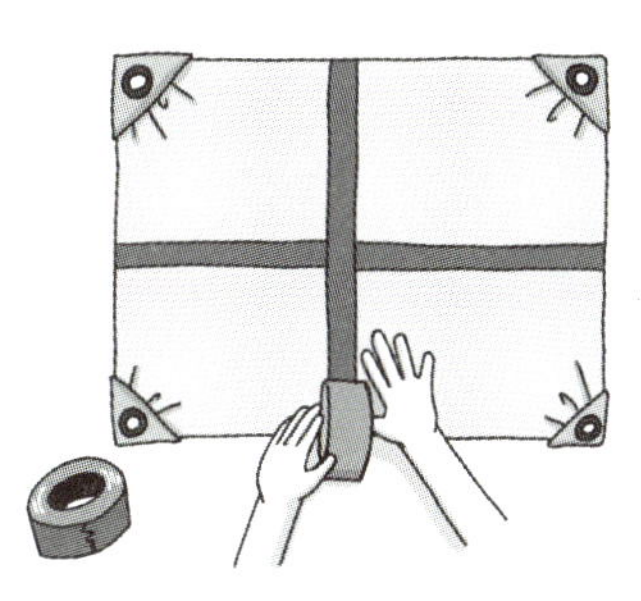

3. それぞれのマスに、「いる」「いらない」「迷い」「移動（思い出）」と書き込む

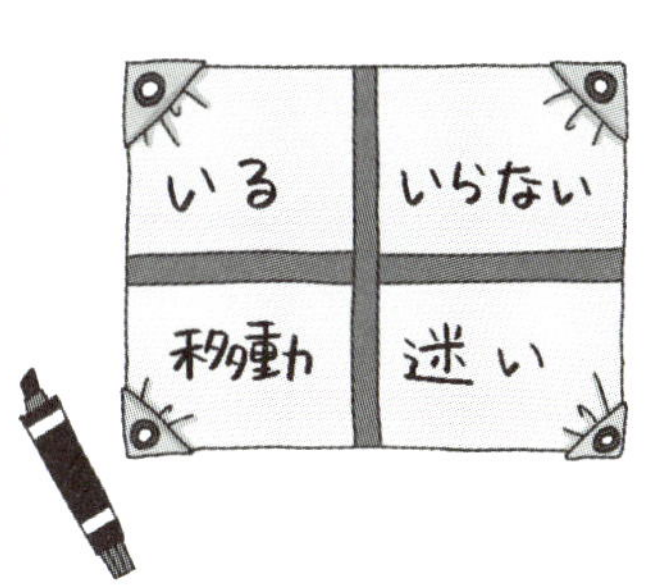

2

捨てられないトップ3は本・衣類・紙類

生前整理で手こずるモノのトップ3は、本・衣類・紙類です。

そのため、あと回しにする人が多いのですが、こういう手こずるモノほど、早めに処分してしまいましょう。

部屋がスッキリするだけでなく、早く処分することでお得になることもあるからです。

タイミングを逃すと、損をしてしまいかねません。

それぞれ、見ていきましょう。

・本

「蔵書」という言葉もあるように、本を手放すことができない人は少なくありません。

しかし、「絶対に手元に残しておきたい」という本は、さほど多くないものです。

もう読まなくなった本は売ってしまうのがベスト。片づけも進みますし、それで得たお金で新しい本を買えるので一石二鳥です。

出版されてから日が浅いものであれば、高値で買い取ってくれることもあります。

反対に、日が経てば経つほど買い取りの値段も下がっていくので（例外もありますが）、早めに処分したほうがお得です。

今の時代、市場に出ている本であれば、図書館や新古書店（ネット）を活用すれば、また手に入れることができます。思い切って手放しましょう。

・衣類

服だけでなく、バッグなどの身のまわり品も含みます。

これらを手放すタイミングの目安は「2年」。2年以上、ソデを通していない衣類や履いていない靴、外出に使っていないバッグ類は手放しましょう。気に入っている服なら、2年も使わないなんてことはないからです（喪服はのぞく）。

また、体型が変わってしまって着られなくなっている服とは潔くお別れしましょう。体型が戻ったら、そのときいちばんぴったりな服と出会うはずです。

最近は衣類専門のリサイクルショップも増えています。比較的新しいモノは引き取り料金も高くなるので、活用しましょう。

・紙類

書類、雑誌、カタログなどが、これにあたります。

これまで1万件以上もの家の片づけをお手伝いしてきましたが、多くのお宅で結構な量の紙類が溜まっていました。

その中でとくに多かったのが、次ページの表の5つです。

思い出につながる紙はすべてとっておきたいと思うものですが、あらためて見直すと、破れていたり、同じようなモノがあったりと、手放していいモノも出てくるはず。

家の中に溜まってしまう紙類とその処分法

●銀行やゆうちょ銀行の通帳、金融商品の書類など（貴重な紙）

ゆくゆくは相続にも関係してくるものなので、まとめて管理すること。古い通帳は、財産整理がしっかりとできていたら処分してもOK（詳細は第5章）。

●新聞・雑誌等の記事の切り抜きなど（情報をまとめた紙）

新聞や雑誌の記事の切り抜きはひとまとめにして、そこに書かれている情報は今も必要なのか、あらためて内容を確認してもらう。目安は3か月。もし、必要でなければ処分する。古い雑誌は必要な箇所を切り抜き、手放すこと。

●メモ（覚え書きの紙）

ちょっとした用事やレシピなどをメモした紙が溜まっていることも（意外と出てくる）。用済みになっている覚え書きは処分を。

●カタログ、広告など（広告の紙）

通販会社などから送付されてくる健康食品関連、旅行関連のカタログやパンフレットなども、気づくとかなりの量になっているもの。「そのうち申し込む」「必要になったら申し込む」つもりなら思い切って処分を（チラシはいつでも手に入る）。定期的に送付されるものは、停止の手続きをすることも視野に。

●思い出の紙

友人や知人からの年賀状や手紙（ラブレターも含む）、お子さん・お孫さんが描いた似顔絵など。すべて残すのは難しいので、「どうしても残しておきたいモノ」だけにしぼること。

「8秒ルール」を活用してください。

たとえば同じ人から何通も手紙をもらっていたら、とくに大切な内容のものだけにするなど、絞り込んでもらいましょう。

「手放す」というと「捨てる＝もったいない」と親は考え、拒絶するかもしれませんが、この3つは、いずれもリサイクルが可能なもの。

「死蔵」させるのではなく、別の人にまた使ってもらうのだとお話ししてください。

捨てるわけではないとわかれば、スムーズにことが運ぶことが多いというのが私の経験からの実感です。

人は思い入れのあるモノとは離れがたいもの。その気持ちを受け止めながら進めていきましょう。

3

神様・仏様に関わるモノにも捨てどきがある

神様や仏様に関連するモノは処分できないと思っている方が多いようですが、方法さえ理解すればスムーズに手放すことができます。

不要なモノは、思い切って手放しましょう。

ここでは、「仏壇」「神棚」「お守り」「数珠（じゅず）」「十字架・ロザリオ」について、処分方法を紹介します（詳細は各宗派によって異なります。わからない場合は各宗派に問い合わせてください）。

・仏壇

まず、どこの宗派なのかを確認します。と言うのも、宗派によっては「開眼供養（かいげんくよう）」をおこなっていることがあるからです。

開眼供養とは、仏壇に故人の魂を入れる儀式のこと。つまり、仏壇を処分したら、故人の魂も一緒に……ということになってしまうのです。

もし開眼供養をしていたなら、魂を抜く「閉眼供養（へいげんくよう）」をおこなう必要があります。これは菩提寺（ぼだいじ）（先祖代々の墓や位牌をおき、菩提を弔（とむら）う寺）に依頼すれば応じてくれます（仏壇店で対応してくれることも）。わからないときは、閉眼供養をしたほうが無難です。

魂を抜いた仏壇や開眼供養をしていない仏壇は、仏壇店や菩提寺に処分をお願いするか、粗大ゴミとして出すこともできます。最近では、リサイクルショップでも買い取ってくれるようなので、尋ねてみるといいでしょう。

・神棚

神棚をどこで購入したのか、親に確認してください。

ホームセンター等で買ったのであれば、そのままゴミとして処分してもかまいません。

神社で購入したのであれば、その神棚には御魂（みたま）が入っているので、購入した神社で御魂抜きをおこない、お焚（た）き上げをしてもらいましょう。近くの神社にお願いしても問題はありません。ホームセンター等で買った神棚も神社に処分してもらったほうが安心できるなら、お願いしましょう。

なお、お正月に神社でおこなわれるどんど焼（正月の松飾り・注連縄（しめなわ）・書き初（ぞ）めなどを家々から持ち寄り、1か所に積み上げて燃やす行事）に持っていき、燃やしてもらうのもいいでしょう。

・お守り

お守りの効力は本来、1年とされています。何年も同じお守りを持っているのは、そもそも正しくありません。

お守りはいただいたお寺や神社にお返しするのが基本。これを「返納」と言います。どこでいただいたのかはお守りに書いてあります。

もし遠くにあって返納に行けない場合は、郵送で返納してもかまいません。郵送を受け付けているかどうかは、それぞれのお寺や神社に問い合わせてみてください。

また、近所のお寺や神社でも返納ができる場合があります。こちらも問い合わせをしてみてください。神棚と同じく、どんど焼に持っていくのもいいでしょう。

なお、お寺のお守りはお寺に、神社のお守りは神社に返納します。お寺は仏様を、神社は神様をまつっています。間違えると失礼にあたるので気をつけましょう。お寺の場合は宗派の違うお守りを返納することも避けるようにしてください。

・数珠・念珠

どこで購入したのか、また、念が入っていたかどうか、親に確認してください。

ご祈祷(きとう)済みとなっていたものは、念が入っている「念珠(ねんじゅ)」となります。お寺や仏壇店でお焚き上げをしてもらいましょう。

自分で処分する場合は、念珠に塩を振って清めたあと、白い袋（封筒）に入れて、ゴミとして処理してもかまいません。

・十字架・ロザリオ

十字架やロザリオは、基本的には、そのまま処分しても差しつかえありません。なぜなら、十字架やロザリオは礼拝の対象ではなく、あくまでも神様を礼拝するための道具であり、キリスト教では、モノに魂が宿るという考えがないからです。ただし、白い紙や布に包んでから手放しましょう。

神様や仏様に関連するモノは「処分なんてしたらバチが当たるのではないか」と思うかもしれませんが、手順さえ守れば大丈夫です。なによりも大切にしたいのは「感謝の気持ち」。「これまで守ってくださってありがとうございました」と手を合わせることを忘れないようにしましょう。

4 お人形は感謝の気持ちをもって供養を

おひなさまや五月人形、ぬいぐるみなど、人形も処分に抵抗を覚えるモノの代表格です。実際「どうやって捨てればいいかわからなくて……」と相談を受けることが多々あります。

日本人は顔のあるモノに魂が宿るという考えを持つので、なおのこと難しいのでしょう。ただ、基本的に人形はモノですから、そのまま処分してもかまいません。気になる人は、白い布に包んであげてお別れしましょう。

抵抗がある人は人形供養をしているお寺や神社にお願いする方法もあります。

人形供養とは、人形に対して感謝の念をこめて供養をすること。人形にこもっている魂を抜いてお焚き上げをおこないます。

全国にはこの人形供養をおこなっているお寺や神社がたくさんあるので、インターネットなどで調べてみてください。

「人形供養」と自分の住むエリアを検索ワードにすると見つかるはずです（例／「人形供養　名古屋市中村区」）。もしかすると、近所にも人形供養の寺社があるかもしれません。

また、近年では人形供養を引き受けている葬儀会社も見られるようになりました。こちらもあわせて検討してみてください。

5 趣味で使っていたモノは次の人に譲る

ギターや琴などの楽器、編み物や器など趣味活動で作ったモノの処分も、頭を悩ませることの一つ。どうすればいいのか、それぞれ紹介しましょう。

・楽器

捨てるのではなく、売ることを考えましょう。

楽器専門店のなかには中古楽器を買い取ってくれるところもありますし、買い取り専門の業者もあります。インターネットなどで調べてみてください。

ネットオークションに出品するのも一つの手です。手続きは多少面倒になりますが、思っていたよりも高値で落札される可能性もあります。ほかには、フリーマーケットで売る方法もあります。試してみるといいでしょう。

壊れていたり、どうしても売れずに処分するときは、粗大ゴミになる場合ことも。地域のルールに従って処分しましょう。

・趣味で作った作品

編み物や器など、自分で作った「作品」は思いがこもっているだけに、捨てることに抵抗を感じるのは当然です。親が拒否反応を示すかもしれません。

それでも、どうしても残したいモノだけを厳選し、ほかのモノは手放してもらいましょう。もらってくれる人がいたら差し上げるのもいいでしょう。

使いかけの毛糸、粘土などといった作品づくりの材料については、同じ趣味仲間に声をかけてみましょう。まわりにそういう人たちがいなければ、ネットオークションで見つけることができるかもしれません。

なお、業者などに買い取りしてもらうなどしてできたお金は、必ず親に渡してください。

「そんなお金いいよ」と言われても、まずは親の手元に戻しましょう。「親がいいと言っているのに？」と思うかもしれませんが、まわりから余計な誤解を受けないためです。

兄弟姉妹など、ほかの親族から「生前整理は相続のための準備で、自分だけが得をしようとしているのではないか」と疑いの目で見られてしまっては、親のための生前整理がうまくいかなくなってしまいます。

「うちは大丈夫。昔から、兄弟みんな仲がいいから」と思っていても、兄弟姉妹の配偶者の方たちから指摘が入ることもあります（実際、少なくないのです）。

親が今後の人生を楽しく生きていくためにも、いろいろな考え方があることを知り、慎重に進めてください。

6 先祖代々伝わってきたモノは要注意

骨董品（こっとうひん）類、ご先祖様たちの位牌（いはい）・遺影など、先祖代々受け継がれてきたモノも処分に悩みますよね。それぞれ見ていきましょう。

・骨董品類

骨董品は、とびきり価値の高いモノは、生前の形見分けとして先に譲っておくことを考えてもらいましょう。

亡くなったあとの形見分けは相続税にも関わってくるため、遺族に思わぬ負担がかかることがあるからです（生前でも贈与税の対象になる場合もあります）。

譲られても保管する場所がない、扱いに困るという場合は、今のうちに手放してもらうのも一つです。

リサイクルショップではなく、骨董を専門に扱っている業者に依頼しましょう。骨董品は特殊なので、価値のわかる人に見てもらうことが大切です。

「たいした価値はないだろうけど……」と思っていたモノが実は大変なお宝だったなんてことも過去にはありました。手放すことで手に入れたお金を使って家族旅行に行った方もいます。

先祖から受け継がれたもの。最後まで大事に取り扱ってもらいましょう。

・位牌

位牌を処分するというとビックリするかもしれませんが、先祖代々の位牌が仏壇にずらりと並び、重なってしまっているのは、あまりよい状態とは言えません。

「繰り出し位牌」を使うと10枚程収めることができ、仏壇まわりもスッキリします。

位牌には故人の魂が宿っているとされるので、処分の際は魂抜き・お焚き上げが必要です。菩提寺にお願いするか、または仏壇店に相談します。

・遺影（エターナルフォト）

遺影はかつて、部屋の高いところに飾っている家がほとんどでした。しかし今は、地震で落下して額のガラスが飛び散ると危ないなどの理由から、遺影をコンパクトな写真に変更するなどして、置き場所を見直す方が増えています。

以前の遺影はそのまま処分しても問題ありませんが、心理的な抵抗があるときは白い紙にていねいに包み、感謝の気持ちを込めながら手放しましょう。どうしても気になるなら、お寺でお焚き上げをお願いしてください。

先祖代々伝わってきたモノを手放すのは、なかなか勇気が出ないかもしれませんが、住宅事情、環境に合わせて、処分し、整えていくことも、また大切です。

「今の状況に合った新たな形で受け継いでいく」。親にはそんな思いを持ってもらうようにしましょう。

7

大きなモノこそ思い切って処分する

生前整理を始めたもののなかなか前に進まない。そんなときは大きなモノを先に片づけるのも効果的です。

大きなモノを手放すと、部屋のなかがスッキリするため、変化を実感しやすいうえに踏ん切りもつくので、あとがスムーズになる傾向が見られます。

大きなモノは粗大ゴミとして自治体に出すのが、いちばんコストがかかりません。粗大ゴミの扱いは市町村によって異なります。親の住んでいる地域での取り扱いがどうなっているか、市町村のホームページ等で調べてあげましょう。

処分料は年々上がっていますので、早めの対応がオススメです。
粗大ゴミを無料で引き取ってくれる業者もありますが、年々少なくなっています。
今後は有料が当たり前になると考えたほうがいいでしょう。

ダメもとでリサイクルショップに買い取りを交渉してみるという手もあります。「値段がついたらラッキー！」という気持ちでのぞんでください。
自宅まで無料査定に来てくれるサービスもありますが、気をつけたいのは「買い取りはできないので処分します。ついては処分代をいただきます」というケース。逆に高くついてしまうこともあるので、買い取りができない場合に余分な費用がかからないか、事前に確認してから頼みましょう。

手間はかかりますが「面倒くさい」と処分しなければ、整理は進みません。
思い切って取り組みましょう。

8 個人情報関連は取り扱いに細心の注意を

モノを処分する際に気をつけてほしいことがあります。
それは「個人情報」です。
個人情報は、悪意のある人の手にわたると悪用される可能性が高くなります。
個人情報の取り扱いには、細心の注意を払う必要があります。
気をつけて対処しましょう。

・名簿

同窓会名簿やサークルの名簿など、連絡先が詰まった名簿やリストは悪用されやすいので、もっとも注意が必要です。

シュレッダーにかけて処理をすればいいのですが、冊子になっているなどして難しい場合は、ゴミ処分業者に持ち込んで焼却処分にしてもらう方法があります。

また、名簿を箱に詰めて送れば、その箱ごと溶解処分にしてくれるサービスもあります。名簿が大量にある場合は、利用するといいでしょう。

・年賀状、暑中見舞い

年賀状や暑中見舞いなど、季節ごとに交わすやりとりも個人情報の宝庫。住所や氏名だけではなく顔写真も立派な情報です。

シュレッダーにかけてもいいのですが、意外に手間がかかります。

住所や氏名など隠したい情報をインクで消してしまうアイテム「個人情報保護スタンプ」がオススメです。

年賀状や暑中見舞いは、直近の1枚と、どうしても残しておきたいモノ以外は基本的に処分しましょう。

なお、処分する前に住所・氏名をリスト化しておくと便利です。

・DM、チラシ

見落としがちなのですが、DMやカタログ、チラシには、住所や電話番号、会員番号、一部とはいえ、カード情報が印刷されていることがあります。

処分するときは、確認して個人情報部分がわからなくなるようにしてから、捨てましょう。

・給料明細

給料明細は、処分せず、記録として残しておきましょう。

社会保険の情報（年金や健康保険など）が載っているため、年金を払ったにもかかわらず未納扱いされていたなどといったことが起きたときに証明になるからです（手間はかかりますが、写真に撮る、スキャニングしてデータ化しておくのでもOK）。

・名刺

名刺は公的な情報として扱われているので、個人情報を気にする必要はありません。

そのため、そのまま処分しても問題ありませんが、シュレッダーにかけたほうがより安心です。


自分のところから漏れた個人情報で、友人・知人が被害にあったとなれば目も当てられません。また、自分自身や家族の個人情報も同じです。

手間はかかりますが、一つひとつ確認しながら対応しましょう。


モノを処分するのは、そう簡単なことではありません。

手間もかかるし、頭も使うし、心が疲れることもあるでしょう。

それでも、今、しておくことによって、これからの生活がより快適になることは間違いありません。

「4分類仕分け法」を活用して、心も環境もスッキリしてもらいましょう。

column 4

大事なモノは早めに行き先を決めておこう

「遺品整理は、やや裕福な家ほどモメる」

これまでに何度も遺品整理をお手伝いしてきた経験から私が導き出した傾向です。

「やや裕福な」というのは「資産家とまではいかないけれどお金にさほど不自由していない」家庭のこと。

こうした家庭では遺品整理が、必ずと言っていいほど、スムーズに進みません。

その理由は、遺品のなかに換金性の高いモノが多くあるからです。俗な言い方をすれば「金目のモノ」。その品々をめぐって、ご遺族が対立するのです。

対立と言っても「少しでもこっちが得をしたい」「いやいや、こっちが」という欲と欲とのせめぎ合いばかりではありません。

こんなことがありました。

お母様が亡くなられたとのことで、遺品整理のお手伝いに行かせていただいたときのお話です。

「これは母が大切にしていた思い出のバッグだから、手もとに残しておきたいの」

「でも、それってブランド品じゃないですか。ブランド専門のリサイクルショップに持っていったら、いい値段がつきますよ」

故人の実の娘さんと、その弟の奥さんとの間で、バッグをめぐって意見が対立しました。

実の娘さんにとってはお母様の大切な「思い出の品」。

でも、血のつながりのないお嫁さんにとっては「売ればいい値段がつくモノ」。

同じバッグであっても、価値がまったく違うのです。

結局、お母様との思い出がいちばん色濃く残っているバッグのみ、実の娘さんが引き取ることになりましたが、大切な思い出の品を金目のモノとして見られたことで、実の娘さんは、弟の奥さんに対して、穏やかな気持ちでいられなくなってしまったようで、そのあとの作業でも、しばしば意見がぶつかるようになってしまいました。

「大丈夫。うちの実家はモメるなんてことはないから」

と思う方もいるでしょうが、これればかりはそのときになってみないとわからないのが実情です。

そして、モメてからでは遅いのです。

実際、遺品分けで仲が悪くなってしまうご家族もいらっしゃいます。

そうならないためにも、親から「これはいずれ誰々に引き継いでもらう」と、生きているうちに行き先を決めておいてもらいましょう。

「身近な人にあげたい」など、親の希望もあるでしょうが、できるだけ平等に分けてもらうと、トラブルも少なくなります。

一筆したためてもらっていたほうがいいですね。

第5章

「財産整理」は最強の相続トラブル対策

次に「おカネ」を片づける

1 親にはたくさんの「財産情報」がある

生前整理を進めていくうえで避けて通れないのが、お金の問題です。

親にどれくらいの資産と負債があるのか。

月々の収入や出費はどのような状態であるのか。

お金に関するトラブルはないか。

これらの情報を整理し「見える化」することで、親の今後の人生設計が描きやすくなります。

たとえば、無駄な出費を見つけることができたら、その出費を止めることで自由になるお金が増えますし、昔の低金利で預けている定期預金があったら、もっと有利な金融商品への乗り換えを検討することも可能です。

また、お金の情報を整理しておくと、遺産相続に関するトラブルの芽をあらかじめ摘んでおくことにもつながります。

さらに、資産と負債をハッキリさせることは、「誰に何を残すか」を考えるきっかけにもなります。

不毛な遺産トラブルを招かないためにも、そのきっかけ作りをしましょう（本章では遺言書についてもお話しします）。

お金の話はデリケートなので、切り出すのに躊躇するかもしれませんが、これも親の幸せのためです。

ここをしっかり押さえておくことで先にお話ししたようなたくさんのメリットをもたらします。

親にも理解してもらい、一緒に進めていってください。

2 資産は親の人生の表れ

まずは資産を見える化していきましょう。

資産を見える化すると、お金の活かし方も考えられるようになります。

資産は現金（預貯金）のほかに、不動産や有価証券、貸金（債権）などがあります。

預貯金については次項目でお話ししますので、それ以外について、どう片づければよいのか、お話ししましょう。

①不動産

不動産の相続は、相続税の対象となることが多々あります。

また、固定資産税もかかってきます。少なくない固定資産税を誰が負担するのか、管理は誰がするのか、モメる家は少なくありません。

自分用の不動産と投資用の不動産に分け、まずはすべて書き出しましょう。139ページに確認シートを掲載していますので、活用してください。

・自分用の不動産

土地、マイホーム、別荘など、日常生活で使用する不動産がこれにあたります。

少子高齢化による人口減が進んでいるため、家の売却も難しく、年月が経てば経つほど、資産価値も下がり、処分にお金がかかるようになります。

「(自分が死んだら)家(不動産)は子どもたちに譲る。売ってもいいし、住んでもいいし、好きなようにすればいい」という時代では、もはやないのです。

相続放棄の手もありますが、どうすれば、本当の意味でベストな状況にできるのか、親と一緒に考えましょう。

・投資用の不動産

収益をあげるために持っている不動産等がこれにあたります。

実家（マイホーム）以外の不動産を親が持っていることを子が知らず、相続（とくにローンの支払いなど）においてトラブルになるケースも増えています。この際、すべてを教えてもらうようにしましょう。

どんな不動産を持っているかだけではなく、それぞれの不動産が毎月どれくらいの収益を生み出しているのか、ローンの返済が残っているのか、管理費等の支出がいくらあるのかどうかも見える化しておきます。

②有価証券

昨今、株や投資信託、先物取引など、子どもに告げず投資をおこなっているケースはめずらしくありません。

片づけ中に見覚えのない証券会社からの書類が出てくることもしばしば。実はこれが思わぬトラブルに発展することもあります。さらに、亡くなったあとの手続きは何

確認シート【不動産】

物件の種類

□土地　□マンション　□建物　□田畑　□一軒家
□別荘　□事務所　□その他（　　　　　　　）

種類

□所有財産
（□賃貸財産◇契約者　　　　　様　関係　　　）

用途

□自分用　□投資用
□自宅
□その他（　　　　　　　）

名義

□全所有（100％）　□共有（持分　　　％）
□その他（　　　　　　　　　）

現住所・登記上の所在地

ローンの支払い状況

相続させたい人や団体

かと手間がかかります。

これを機に親に所有している株の銘柄・株数・購入時の株価・現在の株価・配当金を一覧にまとめてもらいましょう。次ページの確認シートを活用してください。

そうすることで、その株が現在利益を出しているのか、それとも損失を含んでいるのかがわかります。状況によっては、早目の対応が必要になります。

投資信託に関しても同じように購入額と現在の価格、年間どれくらいの分配金があるのか、先物取引、ほかの投資商品についても、状況を確認し、整理しましょう。

うまくいっていないものは手放す、より有利な投資先があれば解約してまわすなどすることで、よりよい投資環境が整います。

情報を整理すれば、そのようなことも見えてくるのです。

③貸金（債権）

とくに把握しておきたいのが債権です。債権は相続税の対象になるため、親にもそのことを伝えて、教えてもらいましょう。

確認シート【株式・投資信託】

- 証券会社名
  ＿＿＿＿＿＿＿＿ 証券 ＿＿＿＿＿＿＿＿ 支店
- 連絡先（担当者）：＿＿＿＿＿＿＿＿
- 銘柄：＿＿＿＿＿＿＿＿
- 株数・口数：＿＿＿＿＿＿＿＿
- 評価額：＿＿＿＿＿＿＿＿
- その他：＿＿＿＿＿＿＿＿
- 相続させたい人や団体

確認シート【ゴルフ会員権・純金積立等】

- ゴルフ会員権　□有　□無
- 品目：＿＿＿＿＿＿＿＿
- 取扱先：＿＿＿＿＿＿＿＿
- 名義人：＿＿＿＿＿＿＿＿
- 数量：＿＿＿＿＿＿＿＿
- 購入金額：＿＿＿＿＿＿＿＿
- 評価額：＿＿＿＿＿＿＿＿
- その他：＿＿＿＿＿＿＿＿
- 相続させたい人や団体

誰かにお金を貸していないか、貸している場合は、金額や期間、貸した理由も聞いておきます。お金を貸したときには借用書も作っているはずなので、それがきちんと管理できているかどうか、ちゃんと返済されているのかを確認しておきましょう。もしかすると、返済が滞っているのに、古い知り合いだからと言い出せなかったり、貸した相手がすでに亡くなっていてあきらめていたり……といったことがわかるかもしれません。そういう悩みや相談ごとも見える化しておきたいものです。

親はトラブルをかくそうとするものですが、早めに解決できれば、あとは気持ちよく過ごせるようになります。そのことをしっかり伝え、話してもらいましょう。

あわせて、不動産や有価証券、貸金のほかに現金（預貯金）や貴金属類なども、一つひとつ整理し、一覧にします。

普段は、現金化されていなくて気がつかなかった資産も相続のときには、すべて明らかにしないといけません。

親である本人に確認をしておくのがいちばん早く、確実です。

確認シート【貸金】

- 貸しているお金：……………………
- 貸している相手
  名　前 ……………………………… 様
- 貸付日と返済日
  貸出日 ………… 年 ………… 月 ………… 日
  返済日 ………… 年 ………… 月 ………… 日
  金　利　□有 ………… %　□無
  借用書　□有　□無
- 貸した理由：……………………
- 相続させたい人や団体

確認シート【貴金属類】

- 金・プラチナ：……………………
- ブランド時計：……………………
- ブランドバック：……………………
- 宝石：……………………
- 指輪：……………………
- その他：……………………

3 「銀行口座&クレジットカード」は少なければ少ないほどOK

銀行などの金融機関の口座やクレジットカードは意外に無駄が多く、整理をすることで不要な支出を減らしたり、眠っていたお金を見つけたりすることができます。

「塵も積もれば」ではありませんが、ちょっとしたお小遣いになる可能性も大。

お宝探しの気分で片づけていきましょう。

①銀行口座（通帳）

生前整理のお手伝いをしているとき、「あ、また出てきた」と本人や家族の方が苦笑まじりに手に取るのが通帳です。そのほとんどの通帳が眠りっぱなし（長い間使われていないもの）だったりします。

そのまま放っておくと（目安は10年以上）、残高が銀行のものになってしまうこともあるので、解約してスッキリさせておきましょう（残金でちょっぴり贅沢できるかも）。

通帳を整理する際、一緒に引き落とし内容のチェックもしておきましょう。

水道高熱費や電話代、クレジットカードの利用料金などが、どの銀行口座からの引き落としになっているか確認し、複数の口座にわたっているようなら整理してしまいましょう。ひとまとめにしておくほうが便利で、安心です。

②クレジットカード

いつも使っているもの（原則2枚）以外はすべて解約しましょう。基本的にクレジットカードは「借金をするためのツール」なので、少ないに越したことはありません。

また、年会費だけで結構な出費になっていることもあるので、金額も忘れずにチェックを。

「年会費無料キャンペーン」をうたっていたので入会したら、実は無料なのは入会した年だけで、翌年からは有料だった……なんて話もよくあります。

年会費に見合った利用の仕方ができていればいいのですが、そうでないとしたらお金を無駄にしていると言わざるを得ません。

クレジットカードの多くは、本人が電話連絡するだけで解約ができます。ひと手間で効果は大きいので、どんどん片づけてしまいましょう。

銀行口座やクレジットカードを整理することによって、無駄になっていた細かいお金を把握することができますし、現状のお金の流れを把握できると、今後、親に対して何をしてあげればいいのかが見えてきます。

確認シート【預貯金】

- 取引銀行数（　　　　　行）※ネット銀行も含む
- 金融機関名：＿＿＿＿＿＿＿＿銀行
- 支　店　名：＿＿＿＿＿＿＿＿支店
- 口座種類

　□普通　　□定期　　□その他（　　　　　　　）

　口座番号：

　名義人：

- 相続させたい人や団体

確認シート【クレジットカード】

- カード名：＿＿＿＿＿＿＿＿＿＿＿＿＿＿
- 発行会社・連絡先：＿＿＿＿＿＿＿＿＿＿
- カード番号：＿＿＿＿＿＿＿＿＿＿＿＿＿

　年会費　□有　　　　円／年　　□無

- その他：＿＿＿＿＿＿＿＿＿＿＿＿＿＿＿

＿＿＿＿＿＿＿＿＿＿＿＿＿＿＿＿＿＿＿＿

4

将来のために必ず確認しておきたい「保険&年金」

加入している保険・年金についても確認しておきましょう。

保険は万一のことがあったときに役立ってくれますし、年金は大切な資産。有効に活用するためにも内容の確認は欠かすことができません。

それぞれ確認して書き出しておくとともに、証書などもまとめておきましょう。

151ページに確認シートを掲載していますので、活用してください。

①保険

もし、親が病気で倒れてしまったとき、どこまで保険でカバーできるのかは知っておく必要があります。

以前、ガンにかかった方が、保険に入っているにもかかわらず、そのことを忘れていて、治療費を捻出できないからと治療をあきらめてしまった話を聞いたことがあります。

ほかにも、自動車を持っているのに保険に入っていなかったことがわかり、あわてて加入したという話もあります。万一、未加入時に親が交通事故を起こし、自賠責保険だけではカバーしきれなかったら……。怖いですよね。

保険に入ってはいるものの、その補償内容が弱かったり、無駄に高い保険料を支払っていたり、気づけば同じような保険に複数入っていて、家計を逼迫(ひっぱく)させていることも。

そんな事態を招かないためにも保険の内容は事前にチェックしてください。

現状に合っていないようであれば、「入っていたほうが安心」と思える保険を検討することも大切です。

今は補償がしっかりしていて低コストという保険が増えているので、見直しや乗り換えなども、あわせて検討してみましょう。

また、生命保険がどのタイミングで支払われるのかの確認も忘れずに行いましょう（銀行は口座名義人が亡くなると、相続トラブルの防止のため口座をいったん凍結し、しばらく現金を引き出すことができないようにします）。

葬儀の費用は、一般的に200万円くらいかかると言われます。決して少ない額ではないので、生命保険金でカバーする選択肢も視野に入れておいてください。

②年金

親が受け取っている（受け取る予定の）年金の種類を把握しておきましょう。国民年金だけなのか、厚生年金もあるのか。年金手帳の保管場所や年金の基礎番号もわかるようにしておきましょう。

年金の支給開始年齢に達していない場合は、念のため、年金を受け取る資格があるかどうかも確認してください（未納などがあれば受給資格に満たない可能性も）。

最近は、年金トラブルも少なくありませんので、正しい金額をもらうことができているのか、確認しておくと安心です。その際は給与明細を参考にしてください。

確認シート【生命保険・共済等】

- 保険会社名：……………………
- 種類や商品名：……………………
- 担当者：……………………　様
  連絡先：……………………
- 証券番号：……………………
- 保険金受取人：……………………
- 保険金額
  死亡時　　　　　円
  医　療　　　　　円
  その他　　　　　円

確認シート【損害保険】

- 保険会社名：……………………
- 種類や商品名：……………………
- 担当者：……………………　様
  連絡先：……………………
- 証券番号：……………………
- 保険金受取人：……………………
- 保険金額：……………………　円

また、年金を受け取るために必要な手続きや年金の受け取り先口座の開設などもしてあげましょう。

年金は受け取る本人が高齢になったときだけでなく、重度の障害を負ったとき、一家の大黒柱が亡くなったときにも支給されます。そのことも確認しておきましょう。

保険や年金の確認も、それぞれの情報を整理することによって資産の有効化や万一のためのリスク回避につながります。

整理するだけではなく、その先のことも考えるようにしてください。

今はインターネットでより有利な情報を見つけやすくなっている時代ですが、親の世代はうまく活用できない人も多いのが現実。

あなたが代わりに有利な情報を集めてあげると、喜ばれますよ。

5 負債整理は心の負担を減らすこと

親の借金、負債（マイナス）は、資産（プラス）以上に知らないものです。これも必ず確認しておきましょう。

資産が多いからと安心をしていたら、借金も同じくらいあってプラスマイナスゼロだった、またはマイナスのほうが多かった……そんな笑えないケースもあります。

親の借金は子どもに引き継がれます。

「資産は相続するけど、借金は遠慮します」とはいきません。親が亡くなったあとに発覚した借金を子どもが返さなくてはならなくなることもあり得るのです。

負債を確認すると、「それを減らすために何をすればいいのか」が考えられるようになります。早めに手を打つことができれば、それに越したことはありません。

負債には、借金だけでなく、ローンも含まれます。

住宅ローン、車のローン、リフォームのローンなど。クレジットカードでローンを組むこともできます。ローンと名のつくものはすべて書き出しましょう。

クレジットカードで買い物している場合、その残高も借金になります。返済に無理がないか、使い過ぎていないかもあわせて確認しておきましょう。

そして、もう一つ。消費者金融も要チェックです。

親は話したがらないでしょうが、借りている場合は1日も早く対処すべきなのは言うまでもありません。


なお、資産よりも負債のほうが多い場合は、相続放棄をすることもできます。この場合、親が亡くなってから3か月以内に家庭裁判所に申し出なければなりません。

相続時にあわてたり、うろたえたりして、判断を間違えるようなことが起きないためにも負債のこともしっかり確認しておきたいものです。

確認シート【ローン・その他の債務】

●種類

□住宅ローン　□自動車ローン　□教育ローン
□カードローン　□個人の借金　□その他（　　　　）

●借入先：

●連絡先：

●借入日と完済予定日

（借入日　　年　　月　　日
～完済予定日　　年　　月　　日）

●担保

□有（内容：　　　　　　　　　）
□無

●借入残高：　　　年　　月現在　　　円

6
月々の収入と支出は親の現在を知るチャンス

月々に入ってくるお金（収入）と出ていくお金（支出）も、きちんと見える化しておきましょう。

親の判断能力が衰えてしまったときに、資産を守るためです。

たとえば、月の収入以上の返済額になるローンを親が組んでいたら、明らかに「何かがあった」と気づくことができ、すばやく対策を考えられます。

通帳にはお金の出入りが克明に記録されています。

その内容を見ながら収入・支出を確認していってください。

①収入

給料や年金、不動産収入など、入ってくるお金の流れです。

見落としがちなのが、不定期収入や臨時収入。

一つひとつ通帳を照らし合わせてチェックしましょう。

②支出

水道光熱費、電話代（固定・携帯）、新聞代、ＮＨＫ受信料、保険料、クレジットカードの利用料金など、収入よりも内容が多岐に渡ります。

その内訳も重要です。クレジットカードは、カード会社が発行する明細書で、その内容をチェックしておきましょう（通帳には総額しか出ません）。

ちなみに、多くのカード会社がウェブ明細サービスを無料で提供していますので、ネットが使える人にはオススメです（紙の明細書は有料の場合も多いので、実家にインターネット環境が整っているならウェブ明細に切り替えたほうがお得です）。

月々に出ていくお金の流れを見える化することで、不穏な動きを発見できるとともに、節約すべきところも見えてきます。

たとえば新聞。会社勤めをしていた頃は、経済紙や専門紙など、複数に目を通さなければならなかったかもしれませんが、リタイア後は1紙で十分ということもあります（雑誌の定期購読も同じ）。

ほかにも、もう利用しなくなった健康食品を定期購入していたり、ほとんど足を向けていないフィットネスクラブの会費を払っていたり、顔を出していない趣味のサークルの会費が引き落とされていたり……と、さまざまなものが見つかります。

書き出したあとは、その出費（支出）は本当に必要なのかどうかを親にたずねてみてください。

あまり必要ないようであれば、親の了解を得てカットしましょう。その分、親が自由に、そして有効に使えるお金が増えていきます。

このように日常的な収支を本人（親）以外が把握することは、万が一、親に何かがあったときに、親だけでなく家族みんなの安心にもつながるのです。

収入・支出チェックシート

【収入】

□定期的な入金はないか？

□大きな金額の入金はないか？

【支出】

□定期的な支払いはないか？

□クレジットカードの支払額の増減は激しくないか？

□大きな金額の引き落としはないか？

□現金引き出し額の増減は激しくないか？

□把握していない名義の引き落としはないか？

7

親の未来を守るために欠かせない暗証番号・パスワード管理

生活が便利になるとともに、暗証番号やパスワードを使わないと利用できないサービスも増えてきました。

実際、ほとんどの人が複数の暗証番号・パスワードを使っています。

別の見方をすれば、暗証番号やパスワードがわからないとできないことが多々あるということです。

・暗証番号

銀行のキャッシュカードやクレジットカードは、暗証番号によって守られています。

言い換えると、もし、認知症やその他の病気、事故などによって、親が自分で管理ができなくなった場合は、誰も手を出せない可能性があるということです。

大事な情報であるだけに、親も教えるのを渋るかもしれません。

ですが、万が一のときのことを考え、教えてもらっておいたほうがいいでしょう。そのほうが、長い目で見れば互いに安心です。真摯に、きちんと説明をすれば、親もわかってくれるでしょう。

なお、教えてもらった暗証番号が生年月日、自宅電話番号の最後の4ケタなど、簡単に見破られるようなものの場合は、変更を勧めたほうがいいかもしれません。

・パスワード（ID）

親がインターネットを使っているなら、そのアカウントの管理もあなたができるようにしておきましょう。

プロバイダーはどこを使っていて、ユーザーネームやログインパスワードはどう設定しているのか。とくにネット銀行やネット証券などは相続にも関わってくるので、利用しているどうかは、必ず確認しておくべきです。

なかにはブログやSNSを楽しんでいる人もいるでしょう。病気や死などで更新できなくなったとき、それらをどうするのかも確認しておいてください。削除をするなら、ログインパスワードなどが必要になってきます。

また、有料サイトに登録をしている場合は、不要なものはカットしていきます。

親から教えてもらった暗証番号やパスワードは、あなた自身も細心の注意をはらって管理するようにしましょう。

くれぐれも第三者の目に触れることのないようにしてください。

あなたを信頼して大切な情報を教えてくれたわけですから、その信頼に応えることがなにより大切です。

暗証番号・パスワードが使われているもの

暗証番号
・銀行のキャッシュカード
・クレジットカード

パスワード（ID）
・インターネットバンキング
・携帯電話（スマートフォン）
・ブログ
・SNS（フェイスブック等）
・ツイッター
・パソコン本体
・サイト（有料・無料）
・ネットショップ（会員登録）

その他
・メールアドレス

8

家系図を作成して相続関係を見える化する

ここまで、お金に関する情報を整理してきました。

通常の片づけであれば、これで十分なのですが、生前整理では、もう一歩進めておくことが必要です。

なぜなら、お金は天国に持っていくことができません。

そして、この世に残していくお金はすべて「相続」に関わってきます。

相続関係の見える化も図っておく必要があります。

親にとって「自分の遺産は誰のもとに行くのか」は大きな問題。

ところが、親の希望どおりに遺産を分配するには、それなりに準備が必要です。

その一つが「遺言書」です。

遺言書がない場合は、法律で定められた「法定相続人」が、これまた法律に定められた割合で遺産を受け取ります（１６７ページに詳細）。

「だったら、別に見える化しなくてもいいのでは？」と思うかもしれませんが、見える化することで、誰が相続の権利を持っていて、誰に権利がないのかがわかります。

たとえば、息子のお嫁さんにとてもよくしてもらったため、「遺産を受け取ってもらいたい」と考え、本人にも伝えていたとします。

ところが、お嫁さんは法定相続人にはなりません。

そのため、遺言書がない限り、一銭も受け取ることができません。

実子である息子がすでに他界していたら、なおさらです。

自分のお金なのに、あげたい人にあげられない。

これでは、親も心残りになってしまいますよね。

相続の割合

相続する遺産の割合は、法律（民法900条）で以下のとおり決められています。

①「配偶者＋子」の場合

それぞれが半分ずつ相続します。遺産が3000万円だとしたら、配偶者が1500万円、子が1500万円となります。子が複数いる場合は、子の分となる1500万円を等分に割ります（子が3人いるなら、1人500万円ずつ）。

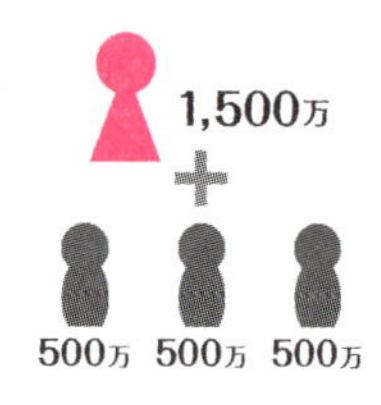

②「配偶者＋親」の場合

配偶者が3分の2、親が3分の1を相続します。遺産が3000万円の場合、配偶者が2000万円、親が1000万円となります（両親が健在の場合は500万円ずつ）。

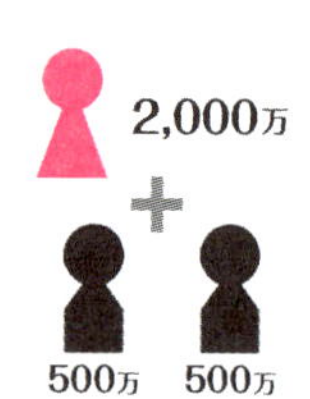

③「配偶者＋兄弟姉妹」の場合

配偶者が4分の3、兄弟姉妹が4分の1 を相続します。遺産が3000万円の場合、配偶者が2250万円、兄弟姉妹が750万円。兄弟姉妹が複数の場合は750万円を等分します（兄弟姉妹が3人いるなら、1人250万円ずつ）。

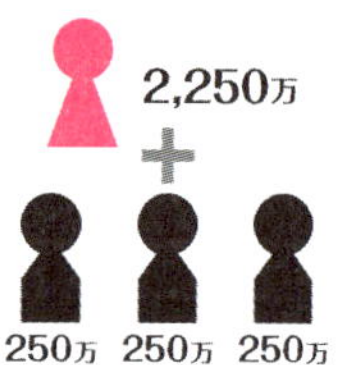

<参考>法定相続人と相続の割合について

法定相続人となる人

配偶者がいる場合、配偶者は必ず法定相続人となります(民法890条)。

加えて、子（第一順位）が法定相続人となります（民法887条)。

第一順位にあたる人がいない場合（亡くなった、もとからいない、など）は親（第二順位）が、第二順位の人もいなければ兄弟姉妹（第三順位）が法定相続人となります（民法889条)。

第一順位と第二順位、あるいは、第三順位の人たちが同時に相続人になることはありません。

まとめると、次のとおりです。

①「配偶者＋子（亡くなっている場合は孫)」

②「配偶者＋親（亡くなっていても祖父母は不可)」

③「配偶者＋兄弟姉妹（亡くなっている場合は甥・姪)」

なお、配偶者がいない場合は、第一順位にあたる人が遺産をすべて受け取ります。第一順位の人がいなければ第二順位の人、第二順位の人もいなければ第三順位の人が受け取ることになります。

※法定相続人がいない場合はすべて国庫に帰属されます。

相続における資産の行き先を見える化するには、「家系図」の作成が必要です。
次の順に、次ページの図の空欄を埋めていってください。

①中央部の「自分」の欄に親の名前を書く

②「自分」の横の「配偶者」に、もう1人の親の名を書く
「自分」の欄に父親の名前を書いたのであれば、「配偶者」には母親の名前を入れます。ご両親が健在であれば、それぞれの分を作成します。

③婚姻関係（籍を入れている）にある場合は二重線で、婚姻関係がない場合は点線で記す（171ページ参照）

④「子」の欄に、あなたや兄弟姉妹の名前を入れる
兄弟姉妹を書くときは「右が歳上」です。三姉妹であれば、長女を右、次女が真ん中、三女が左となります。

⑤孫の欄に、あなたや兄弟姉妹の子どもの名前を入れる
すでに亡くなっている家族は、そのことがわかるよう、名前を記入したあとに黒丸印（●）を入れ、わかる範囲で名前の横に戒名（かいみょう）も添えておきましょう。

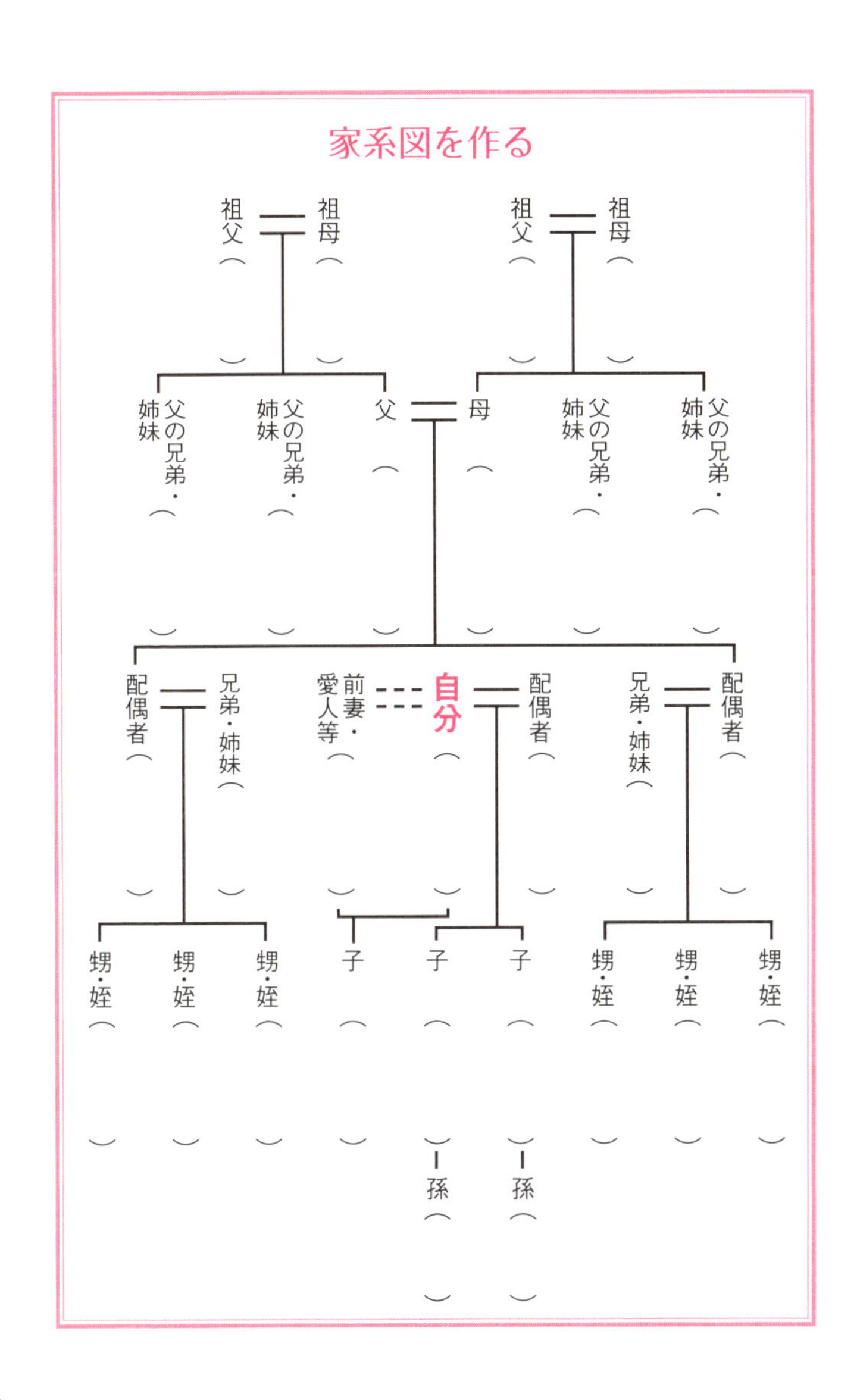
家系図を作る
祖父（　）
祖母（　）
祖父（　）
祖母（　）
父の兄弟・姉妹（　）
父の兄弟・姉妹（　）
父（　）
母（　）
父の兄弟・姉妹（　）
父の兄弟・姉妹（　）
配偶者（　）
兄弟・姉妹（　）
前妻・愛人等（　）
自分（　）
配偶者（　）
兄弟・姉妹（　）
配偶者（　）
甥・姪（　）
甥・姪（　）
甥・姪（　）
子（　）
子（　）
子（　）
甥・姪（　）
甥・姪（　）
甥・姪（　）
孫（　）
孫（　）

家系図ができたら「自分」にとっての法定相続人は誰になるのか、遺産が誰のもとにいくのかを確認していきます。

問題がない場合は、家系図に変更が生じた際に、修整、見直しをおこない、再考してもらいましょう。

「これはちょっと困る」という場合、たとえば孫または子ども（実子）の配偶者に財産を残したい場合は、遺言書を書くなどといった対応が必要です。


家系図を作成することは「命のつながり」を見える化することにもなります。

自分の親は２人ですが、祖父母は４人になります。曾（そう）祖父母になると８人。こうしてご先祖様をさかのぼっていくと、10代で２０４６人に、20代までさかのぼれば２０９万７７５０人になります。

それだけの数のご先祖様が私たちにはいて、その膨大な命の果てに自分自身が存在するわけです。

一緒に作業して、親子のつながりをぜひ、感じてください。

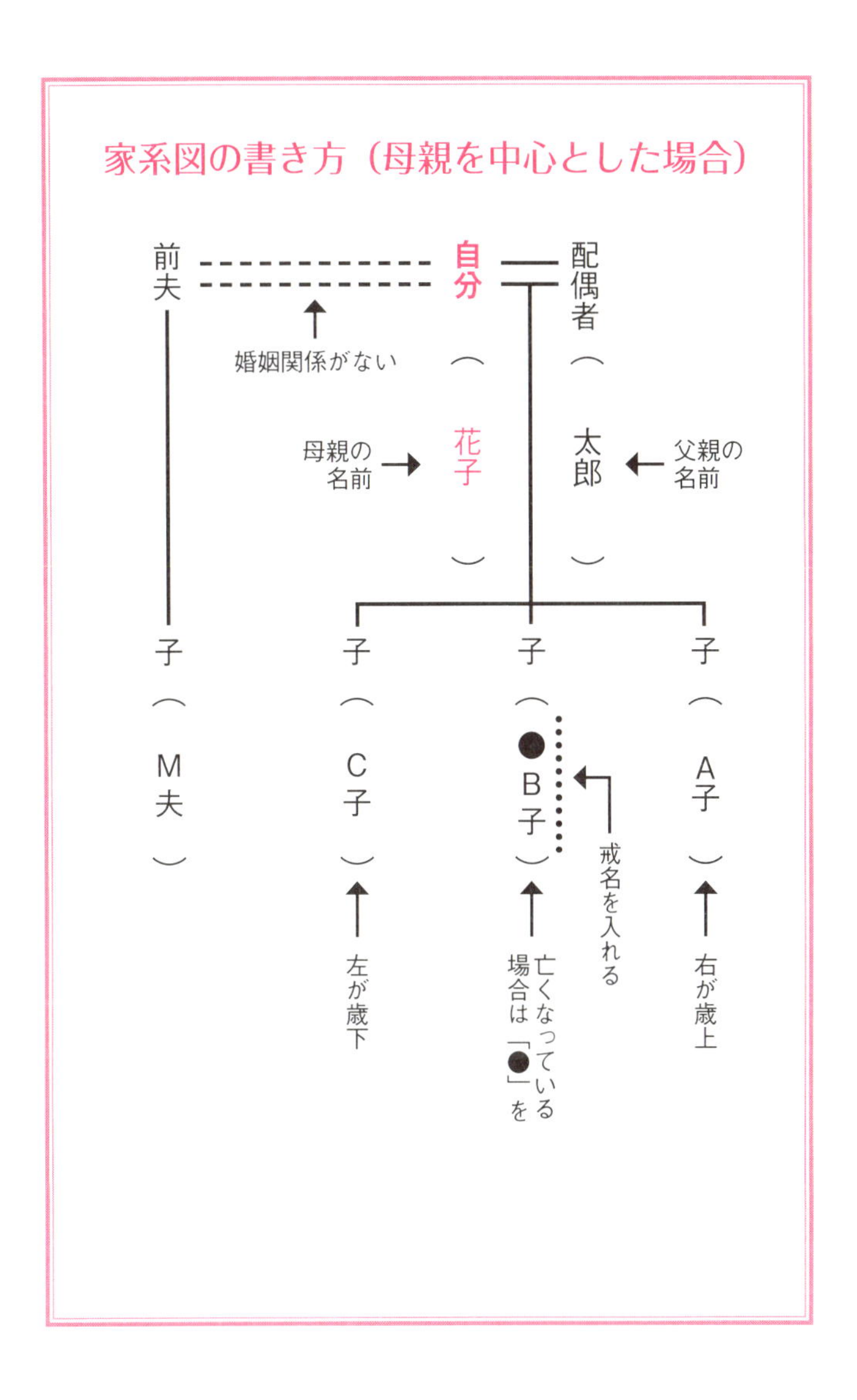
家系図の書き方（母親を中心とした場合）
前夫
自分
配偶者
婚姻関係がない
（花子）
母親の名前
（太郎）
父親の名前
子（M夫）
子（C子）
子（●B子）
子（A子）
戒名を入れる
左が歳下
亡くなっている場合は「●」を
右が歳上

9

遺言書を作って本当の想いを形にしてもらう

「相続争い」という言葉があるように、相続でのトラブルはあとを絶ちません。

少しでも取り分を多くしたいと権利を主張し合い、大きくモメ、残された家族が崩壊してしまうなんてことも実際に起きています。

なるべくトラブルを少なくし、当事者が納得する相続をおこなうために効力を発揮するのが「遺言書」です。

ただし、自己流では効力がないうえにトラブルの元になってしまいます。

ルールにのっとった作成が必要です。

遺言書には、大きく①「自筆証書遺言」、②「公正証書遺言」、③「秘密証書遺言」

相続トラブルの原因トップ3
（一般社団法人生前整理普及協会調べ）

①遺産が不動産のみ

不動産は、売るにも貸すにも手間がかかるため、その手間を誰がかぶるかでモメるケース。家の処分は誰に託すのか、託した分の手間は何で埋め合わせをするのか（たとえば家を売却したお金を多めに受け取るなど）といったことは親が決めておいたほうがいいでしょう。

②相続人の１人だけが親の面倒を見ていた

兄弟姉妹のうち、１人（もしくは一部）だけが親の面倒を見ていた場合、「私に世話を押しつけておいて、相続分がみんなと一緒なんてどういうこと？」「相続のときだけ、権利を主張するなんてひどい」と不満を抱くのは当然です。

結果、相続の取り分について、権利の主張合戦になるケース。そんな事態を招かないために、誰にいくら残すのかを親自身が決めておくとよいでしょう。「長女は私の世話をしてくれた。だから多めに残す」というように、みんなの前で公言して同意を取っておくのもいいかもしれません。

③前妻の子と後妻の子がいる

実子は法定相続人の第一順位なので、必ず遺産を相続することができます。離婚などで別々に暮らしていても、血がつながっている以上は法定相続人とされます。

トラブルになるケースとしてあるのが、親が亡くなったあとに、会ったことのない前妻の子が突然やって来て「私も遺産を受け取る権利があります」と言ってくるパターン。それによって予定外の相続が発生することもあります。場合によっては、手続きや弁護士を立てる必要が生じ、手間や時間、様々な諸経費がかかることも。

法定相続人となる子どもが何人いるのかをハッキリさせておくことでトラブルを防げます。

の3つがあります。

本書では、その中から通常使われる①「自筆証書遺言」と②「公正証書遺言」について紹介しましょう。

①自筆証書遺言

その名のとおり、自分の手で書く遺言書です。

メリットは気軽に書けること。書き直しも簡単で、コストもさほどかかりません。

ただし、自分たちで管理をしなければならないうえに、本人の死後に家庭裁判所から「検認」をとるなどの手続きが必要で、若干の手間がかかります。

自筆証書遺言を作成するときに絶対厳守しなければならないルールは次のとおりです。

・すべて自筆で書く（パソコンは不可）
・署名をする（戸籍上の姓名を正しく）
・作成日の正確な日付を書く（一月吉日といった表記は無効）
・印鑑を押す（なるべく実印で）

このルールに沿って作成されていないと法的に無効になるので気をつけましょう。

また、遺言書は開封しないまま、家庭裁判所の検認を受けなければなりません。

②公正証書遺言書

公証役場で公証人によって作成される遺言です。

専門家の手で作成してもらえるので安心ですし、原本は公証役場が保管するため紛失の可能性もほとんどありません。

ただし、自筆証書とくらべ、手間とコストがかかります。

公証役場に何度か足を運んでの打ち合わせや証人が2人必要です。

コストは、内容によっても異なりますが、士業の先生への報酬が、たいてい5万円から15万円くらいかかるほか、公証人役場への支払いもあります。


どちらを選ぶのかは、個人の自由です。

あくまで私の考えですが、まずは①自筆証書遺言がオススメです。

あとで、内容を変更したくなったとき、②公正証書遺言だと、手続きが必要になるため、手間もお金もかかるからです。

内容が不安なときは、専門家である士業の先生にチェックしてもらえば、不備もなくなります。

遺産の額が大きかったり、内容が複雑になったりする場合は、②公正証書遺言書にするといいでしょう。

また、遺言書には「付言事項」という項目があり、遺族に対する気持ちを伝えることができます。

この項目も、ぜひ作成していきましょう（第6章6参照）。

column 5

専門的なことは専門家にお任せしよう

お金に関する情報を整理していると、戸惑うことがたくさん出てきます。と言うのも、さまざまな専門的な知識が求められるからです。

たとえば、２０１５年1月1日より相続税が改正されたことはニュースなどでご存じでしょう。

でも、それが自分たちにどう関わってくるのか、きちんと把握できている方はいらっしゃるでしょうか？

「相続税なんて、うちは関係ないです。だって、資産家でもないですから」とお思いの方。実は改正によって、さほど大きな相続がなくても相続税を支払わなければならない……。そんなことが起こりえないとは言えないのです。

実際、今回の改正では、相続税の対象となる人が増えることになっているからです。

＊具体的には、それまでの基礎控除額が「5000万円＋（1000万円×法定相続人の数）」だったのが「3000万円＋（600万円×法定相続人の数）」になっています。控除される額が下がった分、課税対象者も増えたということです。

専門的な知識が必要になったときは、税理士や弁護士、司法書士など専門家に頼みましょう。多少のコストはかかるにしても、自分たちで最初から勉強する手間と時間を考えると、コストパフォーマンスは格段に違います。

たとえば、相続をするよりも生前贈与をしたほうが税金の面で有利になることが多々あります。そうしたアドバイスだけではなく、具体的にはどのような手続きをとればいいのかといった実務面でのサポートも専門家の人たちは提供してくれます。

時間や手間の節約、有効かつ適切なアドバイス、具体的なサポートなどを考えると、生前整理では専門家を活用しない手はないと言っていいでしょう。

第6章

これからの人生に彩りを添える「エンディング情報」

最後は「情報」を片づける

1

充実した人生を歩むために聞いておきたい「エンディング情報」

親に最高のゴールを迎えてもらうために、「どのような生き方をし、最高のゴールを迎えていきたいか」を、さりげなく聞いてみてください。

もしまだ考えていないようであれば、まずは「ゴール」があることを意識してもらい、明確にイメージしてもらいましょう。

それには「エンディング情報」を整理しておくことが、より有効です。

「エンディング情報」とは「人生のゴールに向けて、たしかな足取りで進むための情報」のこと。

具体的には「生きているうちにすべきこと」「旅立ちに関して決めておくこと」「旅

立ち後について希望すること」に分けて考えていきます。

・生きているうちにすべきこと

第3章で紹介した「やり残しリスト」を活用します。

まず、生きているうちにしておきたいこと、しておかなければならないこと、たとえば「思い出の場所をもう一度訪れたい」とか「あの人には会っておきたい」といった親の願いをすべてリスト化します。

リストにあげた項目を一緒にクリアしていくことで、親、そしてあなたの人生は、より充実します。

・旅立ちに関して決めておくこと

これはズバリ、葬儀に関することです。

どこでどのように葬儀をあげてほしいのか、誰を弔問者（ちゅうもんしゃ）として招くのか、細かく希望を出してもらいましょう。

・旅立ち後について希望すること

遺された家族に対しての思いを整理していきます。「兄弟仲良く手を取り合って生きていくように」とか、「母さんのことを頼んだぞ」というのは、親が旅立ったあとの希望となります。この思いを、遺言書の付言事項に書くこともできます。

エンディング情報の整理もまた、親が元気なうちにおこないましょう。親の体調が悪くなってから切り出すのでは、あまりに生々しくなりすぎてしまいます。病気でふせっている親に「どんな葬儀をしたい？」とは、いくらなんでも聞けません。

エンディング情報をしっかり整理しておくと、残りの人生がより充実したものになります。「どのようなゴールを迎えたいのか」が明確になるため、無駄な遠回りをしなくなり、時間を有効に使うことができます。

1分1秒が悔いの少ない人生の形成につながっていくのです。

単なるモノの片づけではなく、残りの人生を輝かせるのが生前整理。そのためには、このエンディング情報が欠かせないのです。

以下の３つについて、それぞれ親にインタビューして埋めていきましょう。

○生きているうちにすべきこと

○旅立ちに関して決めておくこと

○旅立ち後について希望すること

2 「しておけばよかった」と後悔しないためにすべきこと

あるタレントさんは、最愛のお母様を病気で亡くした葬儀の場で、一滴の涙も流さなかったそうです。

「なぜ、泣かないのか？」というインタビューを受けた彼は、こう答えました。

「母の死期が迫っているのはわかっていました。

だから、母が望むことはなんでも叶えるようにしてきました。

行きたかった場所に連れて行き、食べたかったものは一緒に食べました。

母もとても満足してくれました。

やるだけのことはやったので、母は幸せな思いに包まれて旅立ちました。

なぜ、悲しむ必要があるのでしょうか」

その話を聞いた私は、まさに至言（しげん）だと思いました。

「いい人生だったな」と本人が満足し、まわりも深くうなずく。そんなゴールを迎えてもらいたいものですよね。

私が遺品整理をするなかでお会いした方の多くが、葬儀の際、悔し涙を流したとおっしゃいます。

「もっと親孝行をしたかった」

「親がやりたがっていたことをやらせてあげればよかった」

そんな思いをあなたがしないためにも、「やり残しリスト」は役立ちます。

「やり残しリスト」は、あなたにとってはこれからやるべきこと、つまり、「やることリスト」。

このリストにある項目を一つひとつ消していくお手伝いをすることで、子としての悔いは少なくなっていきます。

もちろん、親自身の人生への満足度も高まっていきます。

リストを消化するためには「期限を決めて、具体的な行動に落としこんでいく」ことが大切です。

たとえば「やりたいと思いながらできていないこと」で、親が「ピアノを習ってみたかった」とやり残しリストに書いたとします。

これをクリアするために、あなたがまずすべきことは、親の住む地域にピアノ教室があるかどうかを調べること。

次に、高齢者を対象にしているのか、月謝はいくらか、週にどれくらいレッスンがあるのかなど、情報を入手すること。

そして、いつから通えるのかを親と相談し、実際にレッスンを申し込み、見学会をやっていればそこに参加します。

こんな風にいつも「具体的な行動」を意識することで、一つひとつ確実に消していくことができます。

やり残しリストは常に持ち歩いておくといいでしょう。

私のやり残したこと

以下の３つについて、それぞれインタビューして埋めていきましょう。

①行きたいと思いながら行くことができていない場所

②和解したいけれどできていない人や謝りたい人

③やりたいと思いながらできていないこと

3

かかりつけ医を聞いて親の健康をサポートする

高齢者が外出中に転倒して骨折したことが原因で、引きこもりがちな生活になってしまい、さらにそれが高じて認知症になってしまった……。

一つのアクシデントがドミノ倒しのように次のアクシデントを呼ぶ。高齢者の日常には、このような危険が潜んでいます。

日常生活に差しさわりが出るほど体が弱ってしまった場合、どう対応（サポート）すればいいのか。親の希望に耳を傾けながら、そのことについても、あらかじめ決めておきましょう。

決めておいてほしいのは、とくに次の4つです。

1. 病院

親がふだんかかっているお医者さん、いわゆる「かかりつけ医」を把握しておきましょう。親のことをよく知ってくれている医師だと、何かあったときに相談しやすいですし、難しい病気のときは大きな病院も紹介してくれます。

診察券を見れば、お世話になっている病院と受診科目がわかりますので、整理しながら、親の気持ちを確認しておきましょう。

2. 介護が必要になったとき

介護が必要になったときはどうしたらいいのかについても、あらかじめ話し合っておきましょう。

施設にお世話になるのか、それとも自宅で介護を受けるのか。もし施設を利用するなら、どこでお世話になりたいのかといったことも一緒に考えておきます。

ひと口に介護施設と言っても種類はさまざまです。また、提供されるサービスも多岐にわたっています。よく調べて選ぶようにしましょう。

3. 深刻な病気にかかってしまったとき

家族にとってはとてもつらいことですが、深刻な病気にかかってしまったときのことも考えておきましょう。

医師から治る見込みがないと告げられた場合、どうするのかについてです。医師（病院）側は、快復の見込みがなくても延命治療をおこなうかどうか聞いてきます。

このとき、家族はとてもつらく、苦しい状況に陥ります。

精神的にも費用的にも負担であり、親に苦痛を強いるのはかわいそうだと思うものの、「延命治療はしないでください」とは簡単に言えません。

なぜならそれは、親の死を意味するからです。

延命治療をするかしないかは、本人が決めておくのがベストです。

昨今、延命治療を拒否して尊厳死を選択する人も出てきています。その場合は、本人の意思表明が絶対に必要です。しっかり話し合っておきましょう。

4. 臓器提供のこと

「臓器提供意思表示カード」の普及によって、死後の身体についてあらかじめ本人が決めておき、意思表示をすることがしやすくなりました。

この際一度、一緒に考える機会を設けてみてください。

運転免許証や健康保険証の裏面にも、臓器提供に関して意思表示ができる欄がありますので、決めたときは書き込んでおきましょう。


どれも考えたくないことでしょうが、決めることで最期のときを安心して迎えることができます。

ただし、忘れてはいけないのが、親とあなたの間だけで決めてしまわないこと。ほかの兄弟姉妹との間でのトラブルになる可能性が高くなります。

もちろん、最優先すべきは親の意思ですが、できる限り家族全員の意向を踏まえて決めましょう。

4

最後まで自分らしくあるために決めておきたい葬儀のこと

最近は葬儀の仕方も多様化しています。

これまでのようなセレモニー的な葬儀は希望しないという人も増えてきました。

まずは、葬儀をおこないたいかどうか、親の希望を聞きましょう。

葬儀をする場合は、次の3つのステップにしたがって内容を決めてください。

1．葬儀の内容を考える

葬儀費用をいくらくらいにするのか、場所はどこにするのか（斎場・寺院・自宅・集会場など）を決めます。

また、誰を呼ぶのか(「大切な人リスト」の確認)、どのような葬儀スタイルにして、どんな演出にするのかといったことも考えてもらいましょう。

あまりこだわりがないようなら、大枠の部分だけを決めておけばいいですし、逆にあなたのほうから「こんな演出はどう?」と提案してあげても素敵です。

たとえば会場に流すBGMを親が大好きな曲にすると印象もかなり変わります(一般的に葬儀の場で流れる音楽は物悲しいトーンのものが多いですよね)。

葬儀は最期のお別れの場ですから、その人なりのパーソナリティが感じられるような演出にすると、参列者の方たちの胸に刻まれます。

胸に刻まれるということは、その人たちの心のなかに生き続けることを意味します。

また、葬儀では故人のプロフィールも紹介されます。

プロフィールは、参列者の皆さんに故人がどのような人生を歩んできたのかを伝えるもの。

「素敵な人生だったんだね」と思っていただけるプロフィール文を考えましょう。

2. 葬儀社を比較検討する

葬儀社の選択も大事な要素です。

いくつか（最低3社）よさそうなところを見繕って実際に足を運び、接客レベルをチェックしましょう。

相談会を開いている会社もあるので、参加するといいでしょう。

葬儀に必要な費用の「総額」の見積りも出してもらってください。また、あとになって追加料金の請求がないかどうか、返礼品やお料理の質などもチェックしたうえで、「ここなら安心」「この担当さんなら任せられる」など、総合的に判断して決めましょう。

あまり知られていないことですが、棺や骨壷、霊柩車を自分たちで手配することも可能です。「自分の入る棺や骨壷は自分で選びたい」という人は、あらかじめ相談しておきましょう。

3. 棺に入れるモノを決める

棺には天国に持っていきたいモノを入れることができます。

家族の写真や好物の食べ物、お気に入りの服……など、何を入れてほしいのかについても聞いて決めておきましょう。

ただし、金属やガラス製品などの燃えないモノ、あるいは燃えにくいモノは入れることができません。注意してください。

私自身も自分の葬儀に関して、かなり細かいところまで決めています。それからというもの、家族への負担を取り除くことができた解放感からなのか、気持ちがずいぶんと楽になりました。

葬儀の内容は一度決めたらそれで変更がきかないわけではありません。途中で気が変わって変更を加えてもまったくＯＫ。柔軟に考えてください。また、その内容に関しては、秘密にせずに家族全員で共有しておきましょう。

実際の葬儀の際のトラブル防止となります。

最近、「生前葬」をおこなう人が増えています。

生前葬とは文字どおり、生きている間に自分で葬儀をおこなうこと。これまでの人生でお世話になった方たちを招いて感謝の意を告げるものです（実際に亡くなったときは家族だけで慎ましく葬儀をおこなうことが多いです）。

葬儀等、セレモニーをしない場合は、直接、火葬場に行くことも可能です。その際は家族が役場に足を運び、「死亡届」を提出し、「火埋許可証」を受け取る必要があります。届けには火葬場所を記入する必要がありますので、必ず火葬する場所を決めておきましょう。

いざ親が希望していた葬儀をあげようとしても、準備や手続きができていないと、実現できなくなってしまいます。

事前準備はしっかりおこなっておきましょう。

インターネットや電話で気軽に相談にのってくれるサービスもあります（シンプルなお葬式　http://www.xn--t8j4c7dy42mj9kt8e4tsjg7cfa.net/）。活用してみるのもいいでしょう。

葬儀に関しての生前整理事前の準備

Step 1　葬儀の内容を考える

□葬儀費用の概算予算
□葬儀をおこなう場所（斎場・寺院・自宅・集会場など）
□親族・参列者の予測人数
□宗教者の手配の要否
□こだわりの要望
□葬儀スタイル（火葬・家族葬・一般葬・一日葬など）
□信仰する宗派

Step 2　葬儀社を比較検討する

□見積内容の検討
※葬儀社により、見積の仕様や提示費用が異なるので注意

□葬儀費用の金額差
祭壇、棺、写真、ドライアイス、葬儀用具、搬送料、人件費、枕飾り、供花、お供え物　など

□料理・返礼品の金額差
通夜料理、精進料理、返礼品、飲み物費用　など

□施設使用料の金額差
斎場使用料、火葬料、霊安室料、骨壷料金、火葬場、休憩室料　など

□その他費用
お布施、心付け　など　※必ず総額の費用で比較検討すること

□返礼品の質　※写真でよいので確認すること

□料理の質

□葬儀社の提案する斎場

Step 3　棺に入れるモノを決める

家族の写真、好物の食べ物、お気に入りの服　など

5 骨を納める場所を決めておくと 心がすっと軽くなる

日本では、亡くなったらお墓に入るという文化があります。

実は、このお墓に関するトラブルも少なくありません。

代々続く実家のお墓（配偶者の実家のお墓も含みます）や、自分たちで建てた（契約した）お墓などがあればいいのですが、親が亡くなったときに用意ができておらず、新たにお墓を建てなければならないとなると、手間も費用もかなりかかります。

それを誰が引き受けるのか、また、その間、大事な親の遺骨を誰が預かるかも、もめごとのタネになります。

亡くなった親の納骨等が終わったあとに、親がお墓を買っていたことがわかった、なんて話もめずらしくありません。

お墓の転売や引っ越しは簡単ではなく、これもまた、モメごとのタネになります。どこに骨を納めるつもりでいるのか、親が元気なうちに家族で話しておきましょう。

先祖代々のお墓に入る場合は「承継者」、つまりお墓を受け継ぐ人としてすべきことがあります。

年間の維持費はどれくらいかかるのか、どういう形で支払うのか、法要などをお願いしているお寺さんはどこなのか、お布施等はいくらくらい包んでいるのか、お付き合いの仕方についても確認しておきましょう。

お墓をこれから建てる場合は、立地だけでなく、今後の付き合い方についても考えて選びましょう。

お墓には、大きく「公営墓地」「民営霊園」「寺院墓地」の3つがあります。

違いは、まず維持費です。公営墓地がもっとも安価で、寺院墓地が高い傾向にあります。民営霊園はその中間と言えるでしょう。

寺院墓地は法要をはじめとする仏事全般をお任せできる安心感があります。

民営の霊園も法要などの手配はおこなってくれます。

公営墓地では、住職様への依頼・手配などは、自分たちでおこなわなければなりません。


近年はお墓に入らない、という選択をする人も増えています。

遺骨をお墓に入れるのではなく、山や海、宇宙などに撒く散骨は人気があります。

お墓を建てずに樹木を墓石とする「樹木葬」も注目を集めています。

親がどう考えているのか、永代供養（寺院が責任を持って永代にわたってご供養と管理をおこなっていくこと）も含めて、事前にしっかり話し合っておきたいものです。

確認シート【お墓】

- 墓地の所在地：
- 管理先：
- 年間維持費：　　　　円
- 支払方法（いつ、どのように）：
- 法要を依頼する寺院（寺院名、連絡先）：
- お布施の金額の目安
- 物納：
- その他：

6 家族に対する希望を聞いておく

最後は「旅立ち後に希望すること」です。

親は子どもがいくつになっても、いろいろと心配するものです。「家族で仲良く暮らしているか」「健康に気をつけているか」「仕事はちゃんとがんばっているか」など、普段から言われている人もいることでしょう。

その心配は、裏を返せば子どもたちに対して「こうあってほしい」という思いのあらわれです。

「親の心子知らず」という言葉もありますが、せっかくの機会です。子どもたち（孫たちも含めて）に対する希望を聞いておきましょう。

そして、「親の願い」として、受け止めましょう。
親の願いを、あなたはもちろん、兄弟姉妹、家族がしっかりと心に刻むことができれば、親の生前整理はひとまず完了です。

親の生前整理は、親だけでは決してできません。
あなたの協力があってこそ、成り立ちます。
一つひとつ、大事にしながら、いい人生を送るために進んでください。

column 6

便りのないのはよい便り……ではない！

「まさか親父がいなくなるなんて……」

うつむきながらそうつぶやいたのは、50代半ばの男性の依頼者。お父様が突然亡くなり、その遺品整理を依頼してこられました。

お父様のお部屋を一緒に訪れ、作業をしていると、男性は悔しさのにじんだ声で、次のようなことをおっしゃいました。

「父親は遠くに住んでいて、私も仕事が忙しかったので、なかなか実家に顔を出すことができませんでした。孫の顔もろくに見せてやれなかった。なにより悔しいのは、親父の身体がこんなに弱っていたことに、全然気づかなかったことです。育ててもらったのに、私は何ひとつ親孝行ができませんでした……」

部屋には医師から処方された薬が山のようにあり、お父様が重病であったであろうことは一目瞭然でした。

お父様は息子さんにそのことを知らせることなく、亡くなってしまったのです。

忙しい息子に対するお父様の気遣いだったのでしょうが、息子さんにとってはあまりにショックが大きかったようで、すっかり気を落とされていて、私も胸が痛くなりました。

「便りのないのはよい便り」という言葉があります。

連絡がないのは元気な証拠、だから心配することはないという意味です。

でも、本当にそうでしょうか。

私はむしろ、便りがないのは、子どもに心配をかけまいとする親心のあらわれであることも多いのではないかと、この仕事をするようになってから考えるようになりました。

本当は便りを出したい。

顔が見たいし、話もしたい。

一緒に食卓を囲みたい――。

でも、子どもたちが忙しいのはわかっているし、帰省にはお金も時間もかかる。余計な負担を子どもにかけさせたくはない。だから、「便りはしない」という方にお会いしたことも多々あります。

そんな親心に甘えていては、いつか、先ほどの男性のように大きな後悔を招くことになります。

親がいなくなってしまったあとに、どんなに伝えたいことが出てきても、してあげたいことが出てきても、それを叶えることはできません。

親と一緒に生前整理をするということは、親の「声に出せない想い」を見つける時間でもあります。

これから先、後悔しないためにも、1日でも早く、親が元気なうちに、生前整理を始めましょう。

第7章

片づけ後、よりよい人生を歩むために必要なこと

1

残されている時間を意識する

私は生前整理アドバイザーとして、これまでたくさんの方のお話をうかがい、相談を受けてきました。

そのなかで多くの方から受ける質問が、「生前整理が終わったら、あとはどうすればいいのでしょう？」というもの。

それに対して私は、生前整理が終わったあとは「親との思い出を作る時間にしてください」とお答えしています。

なぜなら、親はさらに齢をとり、身体もだんだん動きにくくなってきます。

つまり、一緒に楽しく時間を過ごすことが叶わなくなる日が必ずやって来るからです。

「親孝行したいときには親はなし」

この言葉を聞いて、ドキッとしたことがある人は多いでしょう。

人は必ず亡くなります。

あなたと親との時間も、いつか必ず終わりのときを迎えます。

そのとき、どれだけ悔やんでも時間を取り戻すことはできません。

だからこそ、悔いなく「そのとき」を迎えるために、残された親との時間を意識して過ごしましょう。

本章では、「親の生前整理を終えたあと」の過ごし方についてお話しします。

家の片づけを終えても、生活していくうちに、またモノが増えたり、気持ちや考えが変わったりすることもあります。

そんなときどうすればよいか、すべきことがわかっていると、より気持ちよく過ごすことができます。

限られた時間を有意義に暮らすために、活用してください。

2

親に対して「感謝」を伝え
人生の応援者になる

生前整理をしたことで、あなたはあることに気づいたはずです。

それは「親が一生懸命に人生を歩んできてくれたからこそ、今自分がここにこうして生きている」という揺るぎのない事実。

もし両親が出会わなかったら、出会ったとしても結婚しなかったら、結婚したとしても子どもをつくろうと思わなかったら……。

そう考えると、自然に感謝の想いが湧いてきませんか？

感謝の想いは、「ありがとう」と言葉に出して伝えましょう。心のなかでつぶやくだけでは、相手には届きません。口に出すことで、はじめて相手に伝わるのです。

あなたの想いを、きちんと親に受け取ってもらいましょう。


感謝を伝えたら、あとは親を応援してください。

親の残りの人生を応援する、と言われてもぴんと来ないかもしれませんね。

では、言い方を変えます。

「やり残しリスト」を実践するための行動を起こしましょう。

先ほどもお話ししましたが、リストの項目が一つ減るごとに、親の残りの人生はさらに充実していきます。

つまり、「やり残しリスト」に書かれたことを実現するお手伝いをすることが、応援になります。

できることからでいいので、一つずつ実現させていきましょう。


感謝と応援。

それは過去と未来の肯定と言ってもいいでしょう。ぜひ力いっぱい応援してあげてください！

3

「やり残しリスト」をスケジュール化する

これまで数々の経験をしてきたからこそ、はっきり言えることがあります。

いつかやろうの「いつか」は永遠にきません。

「いついつまでにやる」と期限を決めるからこそ、やりたいことができ、夢もかなうのです。

思い当たることが一つや二つ、ありませんか？

「やり残しリスト」の実現も同じです。

「期限を決めて、具体的な行動に落とし込んでいく」ことをしなければ、いつまで経っても実現できません。

つまり、いつまで経っても親の残りの人生を充実させるお手伝いができない、ということです。

このままでは「親不孝リスト」になってしまいます。

そうならないためには、生前整理を終えたら、「やり残しリスト」に書かれたことを一つひとつチェックし、簡単にできそうなことから順番に、どんどんスケジュールを立てて進めていきましょう。

そして、親のやり残しを一つひとつ消し込んでいきましょう。

「いつかやろう」ではなく、今日から動き始めましょう！

4

親の状況を把握する「4つのキーワード」

生前整理を一緒に進めていくなかで、あなたの「親」が悩んだり苦しんだり、ときには楽しいことやうれしいことを経験して、今日まで生きてきた1人の「人間」であることを知り、理解も深まったことでしょう。

そのことで、親子の新たな関係が築けた方もいるのではないでしょうか。実際、親の生前整理をすませた人たちは、より良好な親子関係を築いています。

あなたもぜひ、こまめに親と連絡を取ってください。あなたが親のことを気にかけ、応援することによって親の人生がさらに充実していくからです。

その際、次の4つのポイントを意識して話を聞くといいでしょう。

・うれしいこと

「最近、何かうれしいことあった？」といった感じで話を切り出してください。

「この前、何年ぶりかで○○さんと会うことにしたんだよ」

「友だちにお部屋のなかがキレイだねってほめられたよ」

など、答えが返ってきたら「よかったね」と必ず肯定していきましょう。うれしかったことを話すのは楽しいものです。活力にもなります。

・楽しいこと

「何か楽しいことあった？」と聞いてみます。

「うれしいこと」と同じ返事かもしれませんが、

「○○さんと温泉に行ってきて楽しかった」

「最近ウォーキングを始めて、いい汗かいているよ」

「うれしいこと」「楽しいこと」の内容が毎回違っていれば、それだけ日々充実しているということです。

「それはよかったね」と、あなたがうれしそうに聞いてくれると、親もまたうれしくなり、また日々を楽しもうという気持ちになります。

・心配なこと

「何か心配なことはない？　どんな小さなことでもいいから言ってみて」とやさしく声をかけてください。

なかなか出てこないようでしたら「体調は大丈夫？」「人づきあいで困っていることはない？」などと、しつこくならないように注意しながら聞いてみましょう。

「ちょっと体調がよくないんだよね」など、話してくれたら、早めにお医者様に連れて行くなど、対応しましょう。

このとき、口調もチェックしてください。

明るい口調で「ないないそんなの」と言うときと「……大丈夫よ。心配ごとなんてないから」とやや重い口調で言うときとでは、明らかに状況が違うはずです。

心配ごとの芽は早めに摘んでおくに越したことはありません。

・してほしいこと

「何かしてほしいことはある？　手伝えることがあったら遠慮なく言ってね」

子どもに「何か手伝おうか？」と言われると、やはり親はうれしいものです。言葉をかけるだけでも親孝行になります。

「〇〇がしたいからちょっと手を貸して」と言われたら、できるだけ力になってあげてください。


この４つのポイントを押さえて話を聞くと、親の変化に気づきやすくなります。変化に気づいたときは、全力で喜び、応援し、よくない変化に気づいたときは、躊躇しないですぐに対応してあげてください。

親子として、さらにいい関係を築いていきましょう！

5 リバウンドを防ぐ「買い物5原則」

生前整理は一度すませたら、あとは何もしなくても大丈夫、なんてことはありません。毎日のきちんとした食事や運動が健康的な生活を支えるように、日々の心構えと実践が必要です。

一念発起をしてダイエットに成功しても、油断してダイエット前のライフスタイルに戻ってしまうと、リバウンドしてしまいますよね。

同じように、生前整理もリバウンドしてしまうことがあるのです。

せっかくモノを片づけ、いらないモノを処分したのに、気づいたら、親の家の中が再びモノだらけになっていたなんて相談を受けたことも、これまでにありました。

買い物5原則

原則1「使うモノしか買わない」

使い道がハッキリしているモノだけ、つまり4分類仕分け法の「いる」モノを買います。怖いのが「限定品」「特別価格」といった言葉。惑わされないようにしましょう。

原則2「収める場所がなかったら買わない」

「欲しいな」と思ったら、「これを買ったら、どこにしまう？」と、自分（親）に問いかけましょう。収納場所を思いつかない場合は買う必要ありません。どうしても欲しいときは、すでに持っているモノを手放し、収納場所を確保してから買いましょう。

原則3「ひと目ぼれで買わない」

ひと目ぼれとは衝動買いのことです。衝動買いしたあと、冷静になり後悔することは少なくありません。後悔するための買い物なんてもったいないですよね。いったん手を止め、再考するクセをつけましょう。

原則4「流行だから、で買わない」

これまで買った流行りモノを思い返してみるとわかるはずです。「あのときはあんなに流行っていたのに」というモノがクローゼットや押入れの奥に転がっていませんか？流行りモノは流行が終わったら必要なくなるのが常。そのことを踏まえて、買うかどうかを決めましょう。

原則5「他人との比較で買わない」

人はなぜか、ほかの人が持っているとよく見えてしまいます。でも、他人は他人、自分は自分。自分が心から大切にできるモノを買うようにしましょう。

そんな事態を防ぐために私が提唱しているのが「買い物5原則」（219ページ参照）です。

第4章で「いる」「いらない」「迷い」「移動（思い出）」のいずれかにモノを分け、整理・処分する「4分類仕分け法」についてお話ししました。

実は、ここで「いらない」に分類されたモノをつい買ってしまいリバウンドする人が結構多いのです。

というのも、それが習慣になってしまっているから。

リバウンドを避けるためには、「いらない」モノを買わない努力が必要です。それには「買い物5原則」の活用がオススメです。

5原則を意識すると、余計なモノを買わなくなるうえに、無駄遣いがなくなるため経済的にもゆとりがうまれます。

また、生活する空間がモノであふれ、ゴチャゴチャしていると、心にも何かしらの負担がかかります。

家がスッキリしていると、心もスッキリ前向きになります。

ぜひ、この5原則を意識してもらうようにしてください！

6

親もあなたも「悔いの少ない人生」を過ごすために

親の片づけは、最終的には子どもであるあなた自身の片づけにもなります。

遺品整理の現場で、ご遺族の方々から後悔の言葉を山のように聞いてきました。

「やさしくすればよかった……」

「もっと会いに行けばよかった……」

「もっともっと親孝行できたのに……」

それと同時に、

「なんで片づけていってくれなかったんだよ」

「最期まで迷惑をかけやがって」

「何がどこにあるのかまったくわからないじゃないか」

そんな怒りの言葉を耳にすることも少なくありません。

ですが、どの声も親には届きません。

亡くなってからでは、何もできないのです。


今、あなたの目の前には、確実に老後を迎えている親がいます。

家のなかはモノであふれていて、どう考えても片づけをしたほうがいい状態。

本書を手にしたあなたなら、もう、どうすればいいかわかりますよね。

できることを考え、1日でも早く、親の生前整理を始めましょう。

そして、生前整理を通して、親との新たなる思い出作りと、親のやり残しリストを実行するお手伝いをしてあげましょう。

あなた自身のやり残しリストに「親孝行」が残らないことを願っています。

おわりに

最後までお読みいただき、ありがとうございました。

これまで多くのお客様と出逢い、お片づけをご一緒してきました。

遺品のお片づけ（遺品整理）をご一緒することも多々あるのですが、しばしば悲しい気持ちになります。

遺品となったモノを前に途方に暮れるご遺族、時間がないためにほとんどのモノを手放さなくてはならず、号泣されたご遺族、親が認知症を発症し、親にとって大事なものがわからず困り果てる家族……。

そして、ほとんどの方が、後悔の言葉を口にするからです。

そんなみなさんの悲しみを感じるたびに、つらそうな表情を拝見するたびに、本当に心が痛みます。

もう少し早く出逢うことができていたら、親ごさんが元気な時に一緒に生前整理青することの大切さをお伝えすることができていたら、このようなお顔を、想いをさせずに済んだかもしれない、何度、そう思ったことでしょう。


少しでも多くの方に、生前整理を伝えたい。

そして、悔いの少ない人生を歩いてほしい、
そんな想いで、本書を執筆いたしました。

生前整理は、知っているのと知らないのとでは、天と地ほどの差があります。

本書をすでにお読みになられた方はご理解くださっていると思いますが、生前整理は死に支度ではありません。亡くなった後のことも考えますが、それも、これからの人生をより充実させるための作業。親御さんと一緒に生前整理をする理由は、過去、現在、そして、これからの親の生き方について考えることで、本当に大事なことが見えてきます。

生前整理の考え方とその方法を知っていれば、手遅れになる前にできることが山のようにあり、その結果、悔いが少なくなります。

ぜひ、一日でも早く、親の家の片づけをはじめていただけたらと思います。

最後に、全国にいる生前整理アドバイザー認定指導員の同志、共に数々の現場を経験してきた仲間たち、天国に行ってしまった仲間、えりかさん、横田さん、命の大切さを教えてくださった尽生志事塾の冨安徳久塾長、本書をこの世に出す機会を与えてくださった、あさ出版の佐藤和夫社長はじめ社員の皆様、全力でサポートをしてくださった柚木崎寿久様、いつも温かく見守ってくれている家族・スタッフの皆様に、この場を借りて、心から感謝いたします。

そして、本書を手に取ってくださった皆様の親との生前整理が、新たな思い出となることを心より願っています。

いつかお逢いできる日を夢見て……。

東京オフィスにて　大津たまみ

※売上金の一部は、シングルマザー支援に活用させていただきます。

親、家族が亡くなると、さまざまな手続きが必要になります。

最低限必要なものをまとめましたので、参考にしてください（2015年8月現在のもの。法律の改正等によって変更となることもあります）。

なお、専門的な知識が必要な手続きは、専門家にお任せすることをオススメいたします。

	届出先	窓口	期限	チェック欄
	役場	本籍地または死亡地の市区町村役場	7日以内	
	役場	本籍地または死亡地の市区町村役場	7日以内	
	社会保険事務所	最寄りの社会保険事務所	10日（基礎年金は14日）以内	
	社会保険事務所	最寄りの社会保険事務所	10日（基礎年金は14日）以内	
	役場	住所地の市区町村役場	14日以内	
	役場	住所地または本籍地の市区町村役場	世帯主変更と同時	
	役場か勤務先	市区町村役場または事業主など	すみやかに	
	役場	住所地の市区町村役場	すみやかに	
	役場	住所地の市区町村役場	すみやかに	
	役場	住所地の市区町村役場	すみやかに	
	福祉事務所	住所地の福祉事務所	すみやかに	
	福祉事務所	住所地の福祉事務所	すみやかに	
	警察署	最寄りの警察署	すみやかに	
	勤務先	勤務先	すみやかに	
	勤務先	勤務先	すみやかに	
	勤務先	勤務先	すみやかに	
	勤務先	勤務先	すみやかに	
	役場	住所地または本籍地の市区町村役場	必要に応じて	
	旧墓地の役場	旧墓地の住所地の市区町村役場	必要に応じて	
	家庭裁判所	子の住所地の家庭裁判所	必要に応じて	

【巻末付録】 身近な人が亡くなったなど いざというときに必要な事務手続一覧

	手続きの種類	生前に確認すべきこと
基本	死亡届	役場の所在地
	火埋葬許可証交付申請書	役場の所在地
	年金受給権者死亡届	社会保険事務所の所在地
	加算額・加給年金額対象者不該当届	社会保険事務所の所在地
	世帯変更届	世帯主変更の有・無
	児童扶養手当認定請求書	児童扶養手当の有・無と担当課
	健康保険証の返却・変更	健康保険証の種類の確認
	シルバーパス（高齢者向けチケット）	シルバーパスの有・無と返却担当課
	配偶者の国民年金加入	配偶者の国民年金加入の有・無
	被扶養者の国民年金加入	被扶養者の国民年金加入の有・無
	高齢者福祉サービス	高齢者福祉サービスの有・無と福祉事務所
	身体障害者手帳	身体障害者手帳の有・無と福祉事務所
	運転免許証	運転免許証の有・無と最寄りの警察所在地
	死亡退職届	死亡退職の届出書の有・無と勤務先担当
	身分証明書	身分証明書返却の有・無と勤務先担当
	最終給与	給与支払の最終給与の扱いの確認
	健康保険証	健康保険証の返却の勤務先担当
	復氏（旧性に戻すこと）届	復氏をするかの確認
	改葬許可申請書	墓地を改葬するかどうか
	子の氏の変更許可の申立書	子の氏を変更するかどうか

	届出先	窓口	期限	チェック欄
	役場	住所地の市区町村役場	すみやかに（2年で時効）	
	役場	住所地の市区町村役場	葬儀をおこなってから2年以内	
	社会保険事務所または健康保険組合	社会保険事務所または健康保険組合	死亡日から2年以内	
	社会保険事務所	住所地の社会保険事務所など	すみやかに（5年で時効）	
	郵便局	郵便局	すみやかに（5年で時効）	
	役場	住所地の市区町村役場	すみやかに（5年で時効）	
	保険会社	生命保険会社	すみやかに（3年で時効）	
	労働基準監督署	労働基準監督署	5年	
	労働基準監督署	労働基準監督署	2年	
	保険会社	保険会社	すみやかに	
	職業安定所	公共職業安定所	6ヶ月以内（2年で時効）	
	社会保険事務所	最寄りの社会保険事務所	すみやかに（5年で時効）	
	クレジットカード会社	カード会社	すみやかに	
	勤務先	勤務先	すみやかに	
	共済会・互助会・協会・サークル	共済会・互助会・協会・サークル	すみやかに	
	共済組合	各共済組合	すみやかに	
	陸運局事務所	陸運局事務所	すみやかに	
	保証金の預け先	保証金の預け先	すみやかに	
	日本音楽著作権協会	一般社団法人日本音楽著作権協会	すみやかに	
	出版社等著作物を管理する会社、機関	出版社等著作物を管理する会社、機関	すみやかに	
	特許庁	特許庁	すみやかに	
	貸付先（債務者）	貸付先（債務者）	すみやかに	
	金融機関	金融機関	すみやかに	
	管轄官庁	管轄官庁	すみやかに	
	家主	家主	すみやかに	
	電話会社	電話会社	すみやかに	
	損害保険会社	損害保険会社（取扱代理店）	すみやかに	
	損害保険会社	損害保険会社（取扱代理店）	すみやかに	
	証券会社	証券会社・発行法人	すみやかに	
	住宅供給公社	住宅供給公社	すみやかに	
	地主	地主	すみやかに	
	ゴルフ場	所属ゴルフ場	すみやかに	
	営業所	最寄りの各営業所	すみやかに	
	NTT	NTT	すみやかに	
	NHK	NHK	すみやかに	

	手続きの種類	生前に確認すべきこと	
もらう	死亡一時金の裁定請求（国民年金）	役場の所在地	
	葬祭費支給申請（国民健康保険）	健康保険の種類	
	埋葬料（費）支給申請（健康保険）	社会保険事務所の所在地	
	遺族基礎年金・遺族厚生年金の裁定請求	年金額の適正化のチェック	
	簡易保険	簡易保険の有・無と会社情報	
	寡婦年金の裁定請求（国民年金）	年金の種類の確認	
	生命保険金	生命保険金の有・無と会社名と種類	
	遺族（補償）給付	遺族給付対象の要件にあてはまるかの確認	
	葬祭料（葬祭給付）	労働基準監督署の所在地	
	入院保険金	入院保険金の有・無と会社と種類	
	未支給失業等給付請求	職業安定所の所在地	
	未支給年金の請求	社会保険事務所の所在地	
	クレジットカード（保険の確認）	クレジットカードの保険の有・無と会社名	
	死亡退職金	死亡退職金の有・無と勤務先担当	
	団体弔慰金	団体弔慰金の有・無と所属の会連絡先	
	遺族共済年金	遺族共済年金の有・無と共済会の連絡先	
引き継ぐ	自動車	自動車処分の有・無と連絡先	
	保証金	保証金を預けている先の有・無	
	音楽著作権	著作権の有・無と連絡先	
	印税（書籍等）	著作権の有・無と連絡先	
	特許権	特許権の有・無と連絡先	
	貸付金	貸付金の有・無と債権者名と連絡先	
	預貯金の口座	預貯金の口座種類と銀行名【複数】	
	各種免許・届出	各種免許・届出の有・無と管轄官庁	
	賃貸住宅	賃貸住宅の有・無と会社情報	
	固定電話契約名義変更・支払方法変更	固定電話の有・無と会社名	
	自動車保険（自賠責・任意保険）	自動車損害保険の有・無と損害保険会社	
	家屋の火災保険の名義変更	火災保険の有・無と損害保険会社名	
	株券・債権	株券・債権の有・無と証券会社	
	市営・都営・県営住宅	市営・都営・県営住宅の有・無と連絡先	
	借地・借家	借地・借家の有・無と連絡先	
	ゴルフ会員券	ゴルフ会員券の有・無と連絡先	
	電気・ガス・水道・新聞契約名義・支払変更	名義及び支払変更の連絡先	
	電話加入権の名義変更	電話加入権の名義変更の有・無と連絡先	
	ＮＨＫ契約名義変更・支払方法変更	ＮＨＫ契約名・支払変更の有・無と連絡先	

	届出先	窓口	期限	チェック欄
	銀行	預入先の金融機関	遺産分割後すみやかに	
	老人会	老人会	すみやかに	
	役場	バス・電車会社（市役所）	すみやかに	
	携帯電話会社	携帯電話会社	すみやかに	
	銀行	契約銀行	すみやかに	
	旅券事務所	旅券事務所	すみやかに	
	リース会社・レンタル会社	リース会社・レンタル会社	すみやかに	
	プロバイダー	プロバイダー	すみやかに	
	フィットネスクラブ	フィットネスクラブ	すみやかに	
	発行先	学校・会社・福祉事務所	すみやかに	
	デパート	デパート	すみやかに	
	借金先	消費者金融・銀行・ローン会社	すみやかに	
	クレジット会社	クレジット会社	すみやかに	
	銀行	銀行・郵便局・ＪＡ（農協）	すみやかに	
	JAF	JAF	すみやかに	
	家庭裁判所	未成年者の住所地の家庭裁判所	遺産分割協議の開催まで	
	家庭裁判所	被相続人の住所地の家庭裁判所	相続開始を知った日から３か月以内	
	税務署	税務署	相続開始から４か月以内	
	税務署	税務署	相続開始から 10 か月以内	
	法務局	法務局	遺産分割後すみやかに	
	法務局	法務局	遺産分割後すみやかに	
	法務局	法務局	遺産分割後すみやかに	
	法務局	法務局	遺産分割後すみやかに	
	法務局	法務局	遺産分割後すみやかに	
	法務局	法務局	遺産分割後すみやかに	
	法務局	法務局	遺産分割後すみやかに	
	法務局	法務局	遺産分割後すみやかに	
	役場	市町村役場など	すみやかに	
	法務局	法務局	すみやかに	
	家庭裁判所	遺言者の住所地の家庭裁判所	すみやかに	
	家庭裁判所	遺言者の住所地の家庭裁判所	すみやかに	
	家庭裁判所	家庭裁判所	必要に応じて	

	手続きの種類	生前に確認すべきこと	
やめる	預金の解約など	預金預け先の通帳および預金の種類	
	老人会会員証	所属老人会の有・無と連絡先	
	無料パス	所持の有・無と返却担当課	
	携帯電話の解約	携帯電話の有・無と会社情報と連絡先	
	貸金庫	貸金庫の有・無と銀行名	
	パスポート	パスポートの有・無と旅券事務所所在地	
	リース・レンタル	リース・レンタルの有・無と会社情報と連絡先	
	パソコン・インターネット会員	プロバイダー契約の有・無と会社名と連絡先	
	フィットネスクラブ会員証	フィットネスクラブ加入の有・無と会社名と連絡先	
	身分証明書	身分証明書の有・無と関係先情報	
	デパート会員証	デパート会員証の有・無とデパート名と連絡先	
	借金	借金の有・無と借入先	
	クレジットカード	クレジットカードの有・無と会社名と連絡先	
	キャッシュカード	キャッシュカードの有・無と発行会社と連絡先	
	JAF 会員証	JAF 会員証の有・無と連絡先	
専門的	特別代理人選定の申立て	特別代理人選定を立てる必要性の有・無	
	相続放棄または限定承認の申述	借金や借金の保証人になっていないか	
	所得税の準確定申告	確定申告の有・無	
	相続税の申告	財産目録の作成	
	相続（名義変更）登記	固定資産税の証書	
	所有権保存登記	固定資産税の証書	
	抵当金抹消登記	固定資産税の証書	
	会社役員変更登記	職場での役職確認	
	建物表題登記	固定資産税の証書＋法務局での調べ	
	建物滅失登記	固定資産税の証書＋法務局での調べ	
	土地分筆登記	固定資産税の証書＋法務局での調べ	
	土地境界確定	固定資産税の証書＋法務局での調べ	
	相続人の調査	戸籍内容	
	相続財産（不動産）の調査	登記内容	
	遺言書の検認・開封	遺言書の内容	
	遺言執行者の選任	遺言書の内容	
	遺産分割協議の調停・審判	分割協議の話し合い＋担当税理士	

※相続税の申告は、相続後5年10か月以内であれば、相続税の見直しをすることが可能です。

著者紹介

大津たまみ（おおつ・たまみ）

一般社団法人　生前整理普及協会　代表理事
株式会社アクションパワー　代表取締役
日本清掃収納協会　会長
生前整理アドバイザー認定指導員

1970年愛知県生まれ。シングルマザーで子育てをしながら、お片づけのプロとして20年以上のキャリアを持つ。掃除や片づけの現場経験数は1万件以上。

2006年、お掃除・お片づけ・遺品整理・家事代行の会社、株式会社アクションパワーを設立。その後、遺品整理の数多くの現場経験から、亡くなってからではなく生きている内にやるべきことを伝えなければいけないと強く決意し、一般社団法人生前整理普及協会を設立。「物・心・情報をすっきり整理し、今よりもっと幸せに生きる！ための『あったかい生前整理』」を育成した認定指導員と共に全国で行なっている。

現在は、『ヒルナンデス！』（日本テレビ）、『ひるおび！』（TBS）、『AERA』（朝日新聞出版）、『日経ビジネスアソシエ』（日経BP社）、『すてきな奥さん』（主婦と生活社）ほか、テレビ、雑誌、新聞、ラジオ等メディア出演、地方自治体、企業での講演（年間200本以上）など、活躍の場を広げている。

主な著書に、『生前整理で幸せな老いじたく』（PHP研究所）がある。

一般社団法人　生前整理普及協会　http://seizenseiri.net
本文マンガ・イラスト　赤星ポテ子／構成　柚木崎 寿久／校正　鷗来堂

これ1冊で安心！

親の家の片づけ方

〈検印省略〉

2015年 11月 25日　第 1 刷発行

著　者——大津 たまみ（おおつ・たまみ）
発行者——佐藤 和夫

発行所——株式会社あさ出版

〒171-0022 東京都豊島区南池袋 2-9-9 第一池袋ホワイトビル 6F
電　話　03（3983）3225（販売）
　　　　03（3983）3227（編集）
F A X　03（3983）3226
U R L　http://www.asa21.com/
E-mail　info@asa21.com
振　替　00160-1-720619

印刷・製本（株）シナノ

乱丁本・落丁本はお取替え致します。

facebook　http://www.facebook.com/asapublishing
twitter　http://twitter.com/asapublishing

ISBN978-4-86063-772-9 C0030